Die Geschichte der Insel Usedom

Dirk Schleinert

Die Geschichte der Insel USEDOM

HINSTORFF

Bibliographische Information Der Deutschen Bibliothek
Die Deutsche Bibliothek verzeichnet diese Publikation in der Deutschen
Nationalbibliographie; detaillierte bibliographische Daten sind im Inter-
net über http://dnb.ddb.de abrufbar.

© **Hinstorff Verlag GmbH, Rostock 2005**
  Lagerstraße 7
  18055 Rostock
  Tel. 0381/4969-0

1. Auflage 2005

Herstellung: Hinstorff Verlag
Lektorin: Bärbel Mundt-König
Druck und Bindung: GGP Media GmbH, Pößneck
Printed in Germany
ISBN 3-356-01081-6

INHALT

VORWORT

Vor fast hundert Jahren erschien mit der zweibändigen „Chronik der Insel Usedom" aus der Feder Robert Burkhardts das Standardwerk zur Geschichte von Deutschlands zweitgrößter Insel. Mit diesem Buch liegt nun erstmals wieder eine geschlossene Darstellung vor. Es vervollständigt einmal die Burkhardtsche Chronik bis in die Gegenwart, berücksichtigt zugleich aber auch die Erkenntnisse der Forschung für die älteren Epochen der Inselgeschichte. Dem interessierten Leser bietet es einen Überblick, der bewusst populär gehalten wurde. Wer mehr zu einzelnen Themen und Abschnitten wissen möchte, dem sei die kleine Auswahlbibliographie am Ende des Bandes empfohlen.

Gegenstand der Publikation ist die Geschichte der Insel Usedom von den Anfängen der menschlichen Besiedlung nach der letzten Eiszeit bis in die jüngste Gegenwart. Die Darstellung folgt in ihrer Gliederung der Chronologie der Ereignisse. Nach einem Überblick zur Früh- und Vorgeschichte behandelt sie die Zeit der slawischen Besiedlung vom 8. bis 12. Jahrhundert, dann das Mittelalter und die späte Zeit der Herrschaft der pommerschen Herzöge im 16. und frühen 17. Jahrhundert. Es schließen sich die Schwedenzeit des 17. Jahrhunderts, die frühe preußische Zeit des 18. Jahrhunderts und die Periode der Zugehörigkeit zur preußischen Provinz Pommern im 19. und der ersten Hälfte des 20. Jahrhunderts an. Abschließend werden die unmittelbare Nachkriegszeit mit dem für wenige Jahre existierenden Kreis Usedom, die Insel als Bestandteil des Kreises Wolgast in der DDR und der Volksrepublik Polen sowie die Jahre seit der politischen Wende des Jahres 1989 behandelt. Diese Hauptkapitel sind nochmals nach sachlichen Gesichtspunkten unterteilt.

Für den Text und die vier eigens angefertigten Übersichtskarten ist der Autor allein verantwortlich. Trotzdem haben zahlreiche Personen bei der Abfassung mitgewirkt, denen an dieser Stelle mein ausdrücklicher Dank gilt. Insbesondere habe ich aber meiner Familie zu danken, die mit viel Verständnis auf manche gemeinsamen Wochenenden und Urlaubstage verzichtete. Ich hoffe, dass das vorliegende Ergebnis wenigstens etwas dafür entschädigt.

Magdeburg, im Spätsommer 2004

ENTSTEHUNG UND ERSTE BESIEDLUNG
DER INSEL

Usedom ist mit einer Landfläche von 445 km² die zweitgrößte Insel Deutschlands. Davon entfallen seit der Grenzziehung von 1945/50 373 km² auf den deutschen und 72 km² auf den polnischen Teil. Als Bestandteil der norddeutschen Tiefebene ist sie so wie diese eine in ihren wesentlichen Teilen von der Eiszeit geprägte und somit in ihrer heutigen Form eine relativ junge geologische Bildung. Während der vor rund 15 000 Jahren begonnenen letzten Vereisung, der so genannten Weichseleiszeit, schob sich ein Gletscher weit nach Süden vor. Er schuf den charakteristischen Verlauf der pommerschen Hauptendmoräne, die sich im Odergebiet besonders weit nach Süden ausbuchtete. Der Wechsel von Rückzugsphasen des Gletschers und erneuter Vereisung am Ende der Weichseleiszeit (12 000–10 000 v. Chr.) ließ einerseits die umfangreichen Kies- und Sandablagerungen im Odermündungsgebiet entstehen, andererseits führte er zur Bildung der Stauchendmoränen auf Südostusedom (Streckelsberg bis Golm). Die gleichen Vorgänge formten übrigens auch die Hügellandschaften auf Nordrügen (Halbinseln Jasmund und Wittow). Diese Stauchendmoränen bildeten eine Art Abflusssperre für das Schmelzeis der Gletscher, so dass sich hinter ihnen ein Gletscherstaussee bildete, aus dem dann im Laufe der folgenden geologischen Entwicklungen das heutige Stettiner Haff entstand. Die heute in das Haff mündenden Flüsse und Bäche flossen damals z. T. in umgekehrter Richtung, wie etwa Peene und Ziese, und fungierten als Abflüsse des Gletscher- bzw. Haffstausees.

In den Jahrtausenden zwischen 10 000 und 6 000 v. Chr. lag der Meeresspiegel unter dem jetzigen Niveau, so dass Usedom, Wollin und Rügen mit den sie heute umgebenden Gewässern ein zusammenhängendes Festland bildeten. Die damals im

Ostseeraum vorhandenen Gewässer, das salzige Yoldiameer, welches vor rund 10 000 Jahren entstanden war, und der nachfolgende, aus Süßwasser bestehende Ancylussee, erreichten die heutige südliche Küstenlinie der Ostsee noch nicht. Erst das weitere Abschmelzen von Inlandeis in Nordeuropa brachte während der so genannten Litorinatransgression ab ca. 6 000 v. Chr. einen Anstieg des nunmehr wieder salzigen Wassers um rund 25 Meter, zeitweise bis zu zwei Meter über dem heutigen Pegel. Dies führte dazu, dass nur noch die Inselkerne von Usedom aus dem Wasser ragten, zwischen denen sich breite Öffnungen erstreckten, durch die das Wasser strömte. Man nennt diese Öffnungen auch Pforten (Zinnowitzer, Pudagla- und Swinepforte). Erst nach und nach verlandeten sie infolge der Absenkung des Meeresspiegels und durch von Meeresströmungen bewirkte Umlagerungen von Sandmassen. Zugleich entstanden die ersten Dünen, die von Nordwest nach Südost verlaufende Ausgleichsküste zur Ostsee mit ihren heute bei den Touristen so geschätzten breiten Sandstränden und – durch Abschnürung vom offenen Meer – die Seen (Schmollensee, Gothensee, Wolgastsee etc.). Das Odermündungsgebiet erhielt nun seine im wesentlichen auch heute noch vorhandene Gestalt, wenn auch die natürlichen Veränderungen der Landschaft keinesfalls abgeschlossen sind und in den letzten 1 000 Jahren zunehmend durch den gestaltenden Eingriff des Menschen beeinflusst werden.

Landschaftlich gliedert sich die Insel Usedom heute in einen kleineren Nordwestteil und einen bedeutend größeren Südostteil, wobei der Streckelsberg bei Koserow die Grenze bildet. Der Nordwestteil besteht aus der Peenemünder-Zinnowitzer Niederung, der Halbinsel Gnitz und dem Wolgaster Ort. Südostusedom dagegen teilt sich in die von Koserow bis Ahlbeck und Kamminke reichende so genannte Usedomer Schweiz, die aus den oben erwähnten Stauchendmoränen im Wechsel mit den noch vorhandenen bzw. bereits verlandeten Seen gebildet wird. Ihr schließt sich im Osten auf dem heute polnischen Teil der Insel die Swineniederung an, im Südwesten die Mellenthiner Heide. Weiter nach Westen folgen der

Usedomer Winkel und nördlich davon der Lieper Winkel. Betrachtet man die Böden nach ihrer Sedimentierung, so dominieren eindeutig die Sande verschiedener Körnung und Entstehung entlang der Ausgleichsküste und im Südostteil sowie die Torfe in den Niederungen. Fruchtbarere Geschiebemergel finden sich nur im Südteil des Wolgaster Ortes und im äußersten Südwesten des Usedomer Winkels. Auf dem Lieper Winkel sind die Sande streckenweise mit Schluffen vermengt.

Die ältesten Spuren menschlicher Besiedlung auf Usedom sind aus der Mittelsteinzeit (ca. 8 000-3 000 v. Chr.) nachweisbar. Erst vor wenigen Jahren gelang ein Fund dieser Zeit bei Pudagla in Ergänzung zu älteren Einzelfunden. Der Zufall hat jedoch bei der Archäologie einen weit größeren Stellenwert als bei der auf der Auswertung von schriftlichen Quellen basierenden Geschichtsforschung. Das Engagement der haupt- und ehrenamtlichen Bodendenkmalpfleger ist hier ebenso zu nennen wie die Abhängigkeit von externen Faktoren, die gezielte Grabungen meist erst ermöglichen. Die rege Bautätigkeit seit der Wende 1989 beeinflusste die Intensität der archäologischen Forschung nicht unerheblich. Dagegen sind geplante Forschungsgrabungen wie etwa die im Rahmen des Projektes „Usedom im frühpommerschen Herzogsstaat" durchgeführten Untersuchungen im Umfeld der Stadt Usedom eher die Ausnahme und bleiben wohl immer auf punktuelle Vorhaben mit einer gewissen, bereits im Vorfeld bekannten Bedeutung beschränkt. Es kann also durchaus sein, dass sich unser Bild von der vor- und frühgeschichtlichen Besiedlung Usedoms auf Grund neuer Funde innerhalb kürzester Zeit verändert.

Die Menschen der Mittelsteinzeit waren noch umherziehende Jäger und Sammler, so dass sich die Funde dieser Zeit auf wenige, meist zusammenhanglose Einzelstücke beschränken. Es handelt sich dabei vorwiegend um Jagdwaffen und Werkzeuge. Da zu Beginn dieser Periode das Festland viel weiter als heute ins Meer hinausragte, ist anzunehmen, dass sich auch vor der Küste Usedoms Spuren menschlicher Anwesenheit dieser Zeit finden lassen. Vergleichbare Funde vor der Küste des Darß', aus der Wismarer Bucht und jüngst auch aus den rügenschen Boddengewässern verstärken diese Annahme noch. Wesentlich dichter wird die Besiedlung in der nachfolgenden Periode der Jungsteinzeit (ca. 3 000–1 800 v. Chr.). Aus nahezu allen Teilen der Insel liegen Nachweise menschlicher Siedlung vor. Inzwischen waren die Menschen halbwegs sesshaft geworden und hatten erste Erfahrungen mit dem Ackerbau und der Viehzucht gesammelt. Sie wohnten in festen Häusern und stellten Keramik für ihre Vorratswirtschaft her. Die beeindruckendste Hinterlassenschaft dieser Zeit sind die Großsteingräber, auch Hünengräber genannt. Leider sind die allermeisten dieser einst auf Usedom wohl recht zahlreichen Anlagen der Bautätigkeit späterer Generationen, v. a. dem Chausseebau des 19. und frühen 20. Jahrhunderts, zum Opfer gefallen. Lediglich bei Lütow auf dem Gnitz konnte durch persönliches Engagement des damaligen Gutsbesitzers, des Barons von Lepel, eine solche Grabanlage vor der Zerstörung gerettet werden. Die bereits in den dreißiger Jahren des 20. Jahrhunderts vom damaligen Pommerschen Landesmuseum in Stettin durchgeführten Grabungen förderten zahlreiche Fundstücke zu Tage, die einen tiefen Einblick in die Lebensverhältnisse der damaligen Zeit gestatten. Sie werden heute im Muzeum Naradowe, der polnischen Nachfolgeeinrichtung des Pommerschen Landesmuseums, in Stettin aufbewahrt.

Dagegen sind die Sammlungen des ehemaligen Heimatmuseums des Kreises Usedom-Wollin in Swinemünde und verschiedene private Sammlungen zur Ur- und Frühgeschichte in den Wirren der unmittelbaren Nachkriegszeit des 2. Weltkrieges untergegangen und gelten heute als verloren. Dies muss als sehr schmerzlicher Verlust für die Erforschung der Ur- und Frühgeschichte der Insel vermerkt werden. Die seit den sechziger Jahren des 20. Jahrhunderts wiederum einsetzende ehrenamtliche Bodendenkmalpflege kann inzwischen aber auch schon wieder beachtliche Ergebnisse vorweisen. Insgesamt kennt man inzwischen über 500 Siedlungsplätze aus der Periode der Jungsteinzeit. Diese hohe Zahl ergibt sich nicht zuletzt durch den noch sehr extensiven Ackerbau, der den

Boden rasch auslaugte und eine stete Sesshaftigkeit unmöglich machte.

Dominierte zu Beginn der Jungsteinzeit die so genannte Trichterbecherkultur, benannt nach der charakteristischen Keramik, an der südlichen Ostseeküste, so setzte sich ungefähr ab der Mitte des 3. Jahrtausends v. Chr. eine neue Kultur durch, die ihre Gefäße mit Abdrücken von Schnüren verzierte, die so genannte Schnurbandkeramik. Hinter diesem kulturellem Wandel steht auch ein ethnischer Wechsel, denn mit dem Aufkommen der Schnurbandkeramik beginnt die Einwanderung indoeuropäischer Völkerschaften. Die wichtigste Neuerung, die die vermutlich aus dem Schwarzmeergebiet eingewanderten Schnurbandkeramikleute mitbrachten, war das gezähmte Pferd. Damit stand ein Zug- und Reittier zur Verfügung, das bis in das zwanzigste Jahrhundert ein unentbehrlicher Helfer des Menschen bleiben sollte.

Einen Höhepunkt in der frühgeschichtlichen Besiedlung stellt für Usedom zweifellos die Bronzezeit (ca. 1 800–500 v. Chr.), insbesondere deren letzte Jahrhunderte bis hinein in den Übergang zur vorrömischen Eisenzeit (ca. 500 v. Chr.–Zeitenwende), dar. Das bedeutendste Bodendenkmal dieser Epoche ist der Burgwall auf dem Golm, der als nördlichster Punkt einer Gruppe von Befestigungsanlagen aus der Übergangszeit von der Jungbronze- zur Früheisenzeit entlang der Oder angesehen wird. Diese Befestigungen werden der so genannten Lausitzer Kultur zugeschrieben. Für die Odermündungsinseln geht die Forschung seit einiger Zeit für diese Übergangsperiode von einer eigenständigen Kultur aus, der Usedom-Wolliner Gruppe.

Die Bevölkerung der frühen Bronzezeit wird dagegen wegen der Verbrennung ihrer Toten und der anschließenden Bestattung in Brandurnen als Urnenfelderkultur bezeichnet. Wahrscheinlich war das Odermündungsgebiet bereits zu dieser Zeit ein Kreuzungspunkt von wichtigen Handelswegen zwischen Nord und Süd einerseits und Ost und West andererseits, woraus sich eine Mittlerfunktion zwischen der Lausitzer und der nachfolgenden Hallstattkultur im Süden mit der skandinavischen Bevölkerung jenes Zeitraumes ergeben haben dürfte. Einen Eindruck von der kulturellen Blüte und dem regen Handelsaustausch der Zeit vermitteln die Schatzfunde, z.B. der Goldfund von Ückeritz. Sie deuten auch auf das Vorhandensein einer komplexen Religion hin, die in ihren Einzelheiten aber noch nicht entschlüsselt ist. Die Siedlungen der Jungbronzezeit verteilten sich über die gesamte Insel unter Ausschluss der Niederungen und der schweren Böden. Sie besaßen bereits eine ziemliche Ausdehnung. Ackerbau, Viehzucht und Metallverarbeitung waren ihre wirtschaftliche Grundlagen.

Die ersten ca. sechs Jahrhunderte nach der Zeitenwende rechnet die Archäologie in Analogie zur europäischen Ereignisgeschichte zur so genannten Römischen Kaiserzeit bzw. zur Völkerwanderungszeit. Aus diesem Zeitraum liegen weitaus weniger Funde als aus den vorhergehenden Epochen vor, was wahrscheinlich auch den damaligen tatsächlichen Siedlungsverhältnissen Rechnung trägt. Wie schon die Bevölkerung der Übergangszeit von der Bronze- zur Früheisenzeit, also die Usedom-Wolliner Gruppe, dürfen wir auch die Menschen dieses Zeitabschnitts den germanischen Völkerschaften zurechnen. Diese besiedelten um die Zeitenwende das nördliche Mitteleuropa und den Ostseeraum. Ein Siedlungsschwerpunkt lag dabei an der südlichen Ostseeküste. Auf Usedom scheint es eine gewisse Siedlungskonzentration zwischen Morgenitz im Westen und Korswandt im Osten gegeben zu haben. Insbesondere in der Umgebung von Balm wurden umfangreiche Siedlungsspuren entdeckt, die auch Hinweise auf eine gewerbliche Tätigkeit in Form von Kalkbrennerei und Eisenverhüttung enthalten. Daneben finden sich auch wieder die für die Erforschung der jeweiligen Kultur so wichtigen Gräber. Die Germanen der Kaiserzeit bestatteten ihre Toten bereits in Einzelgräbern in Baumsärgen. Die germanische Siedlung von Balm hatte ihre Blütezeit in den ersten beiden nachchristlichen Jahrhunderten und ist vermutlich bereits im dritten Jahrhundert n. Chr. wieder aufgeben worden. Neben diesem Siedlungsschwerpunkt gibt es auch Funde von der Südwestspitze Usedoms bei Zecherin und weiter nördlich von

Ückeritz, Loddin bis Krummin. Das Ende der Siedlung bei Balm im dritten Jahrhundert deutet auf einen epochalen Einschnitt in der Geschichte des südlichen Ostseeraums und darüber hinaus ganz Europas hin, die Völkerwanderungszeit. Bereits seit dem Ende des zweiten vorchristlichen Jahrhunderts waren einzelne germanische Stämme ins Römische Reich eingefallen, erinnert sei hier an den Zug der Kimbern und Teutonen von Jütland nach Italien und Südfrankreich. Jedoch setzte erst beginnend mit der durch einen Hunneneinfall im Jahre 375 ausgelösten Wanderung der Ostgoten vom Schwarzen Meer nach Westen eine Entwicklung ein, die eine grundlegende politische Neuordnung, teilweise auch ethnische Verschiebungen in Europa mit sich brachte. Der germanische Siedlungsraum östlich der Elbe wurde mit Ausnahme einzelner Siedlungskammern vollständig aufgegeben. In diesen Freiraum stießen dann später slawische Völkerschaften in mehreren Siedlungswellen hinein und nahmen ihn in Besitz. Bis heute wird die Frage nach der Dauer der fast siedlungsleeren Zwischenperiode kontrovers diskutiert, doch ist eine gewisse Fundleere für das 5. und 6. Jahrhundert unübersehbar.

DIE SLAWENZEIT – 8. BIS 12. JAHRHUNDERT

Siedlung und Gesellschaft

Erst im 8. Jahrhundert wanderten die Slawen auf Usedom ein. Dies ist verglichen mit den umliegenden Festlandsgebieten relativ spät, wo sich erste Spuren einer Einwanderung aus dem Osten bzw. Südosten bereits für das 6. und 7. Jahrhundert nachweisen lassen. Als ältestes datierbares Fundstück gilt eine bei Kaseburg gefundene arabische Münze des Jahres 718.

Die altslawische Besiedlung des 8. und 9. Jahrhunderts erfasste in erster Linie den Südteil der Insel, wobei eine vom Usedomer Stadtforst im Westen bis zum Gothensee im Osten reichende siedlungsleere Zone zwei Teilgebiete schuf. Nordwestlich vom Streckelsberg sind nur sehr wenige Siedlungsspuren vorhanden. Insgesamt konnten bis Anfang der neunziger Jahre des 20. Jahrhunderts 86 Siedlungen der altslawischen Zeit nachgewiesen werden, von denen immerhin 61 auch noch später besiedelt waren. 22 dieser Siedlungsplätze enthielten Funde der vorhergehenden römischen Kaiserzeit. Wegen der Fundleere des 5. und 6. Jahrhunderts kann hier aber nicht von einer Siedlungskontinuität ausgegangen werden. Vielmehr sind es wohl die günstigen naturräumlichen Voraussetzungen, die die Wahl der Slawen beeinflusst haben.

Ein umfangreicherer Landesausbau fand in dieser Zeit noch nicht statt. Dagegen kam es wie überall im westslawischen Siedlungsraum recht bald nach der Landnahme zur Errichtung einer Burganlage, die bei Mellenthin angelegt wurde. Diese aus Holz und Erde errichteten Burgwälle waren zunächst nur Volks- und Fluchtburgen, in die sich die umliegende Bevölkerung in Not- und Kriegszeiten zurückziehen konnte. Aber schon im 8. Jahrhundert begann sich ihr Charakter zu differenzieren. Es gab nun neben den Volksburgen auch solche, die Herrschaftssitze von lokalen bzw. regionalen Machthabern

Bedeutende vor- und frühgeschichtliche Fundplätze

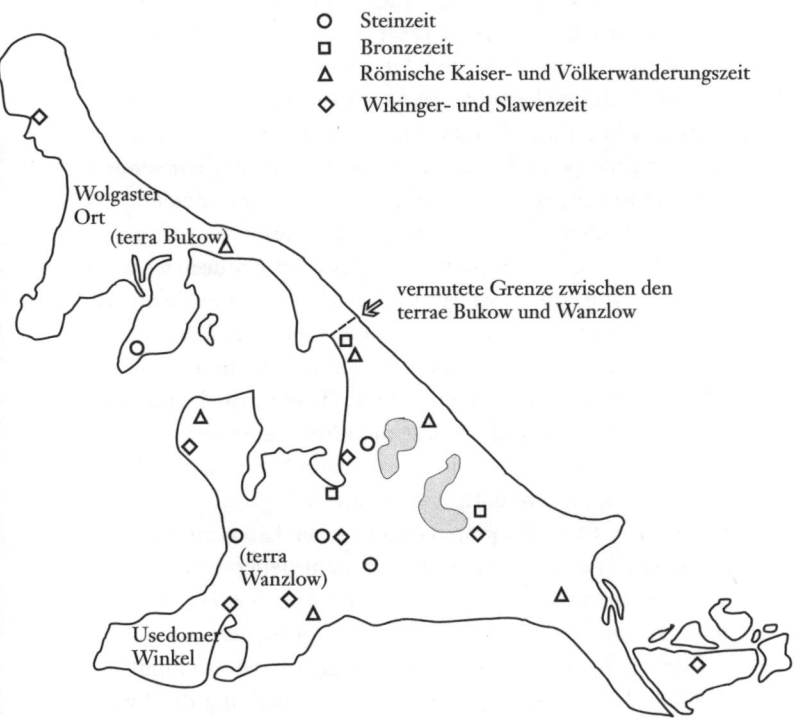

- O Steinzeit
- □ Bronzezeit
- △ Römische Kaiser- und Völkerwanderungszeit
- ◇ Wikinger- und Slawenzeit

Wolgaster
Ort
(terra Bukow)

vermutete Grenze zwischen den
terrae Bukow und Wanzlow

(terra
Wanzlow)

Usedomer
Winkel

waren, befestigte Handels- und Handwerkersiedlungen sowie
Tempelburgen. Die Funktion des altslawischen Burgwalls Mellenthin kann erst nach eingehenderen archäologischen Untersuchungen genauer bestimmt werden. Legt man den Radius
von drei Kilometern zu Grunde, der den umgebenden Wirt-
schaftsraum einer altslawischen Burg allgemein ausmachte, so
scheint es fast unmöglich, dass Mellenthin die einzige Burganlage auf Usedom aus dieser Zeit gewesen sein soll.

Ein in der Keramik festzustellender Wandel zu Beginn des
10. Jahrhunderts läutete die mittelslawische Periode (10. Jahrhundert) ein. Sie führte zu einer Verdichtung des Siedlungsnetzes. Insgesamt wurden bis 1991 123 Siedlungsplätze auf

Usedom nachgewiesen. Allerdings traten auch vermehrt Wüstungen auf, also Siedlungsplätze, die in der nachfolgenden jungslawischen Periode nicht mehr bewohnt waren. Wiederum blieb der Inselsüden das Hauptsiedlungsgebiet und auch der siedlungsleere Korridor der altslawischen Zeit bestand weiterhin. Burganlagen der mittelslawischen Periode wurden bislang nicht ermittelt, doch könnten die jungslawischen Burgwälle von Stolpe und Neppermin bereits im 10. Jahrhundert angelegt worden sein. Auch hier werden erst intensivere Grabungen näheren Aufschluss bringen können.

Die Blütezeit der slawischen Siedlung auf Usedom ist zweifellos die jung- oder spätslawische Periode vom Ende des 10. Jahrhunderts bis zum 12. Jahrhundert gewesen. Ein sprunghafter Anstieg der Siedlungsplätze auf insgesamt 339, die bis 1991 nachgewiesen werden konnten, belegt dies deutlich. An die Seite des Burgwalls von Mellenthin treten jetzt weitere Burganlagen bei Neppermin, Stolpe und Usedom sowie eine noch nicht ganz eindeutig bestimmte Anlage im Friedrichsthaler Forst. Ebenso konnten in der älteren Literatur erwähnte Burganlagen an der Swine bislang nicht belegt werden. Gerade der heute polnische Teil der Insel und der seit 1936 lange Jahrzehnte zum militärischen Sperrgebiet erklärte Inselnorden um Peenemünde sind zur Zeit noch nahezu fundleere Gebiete. Jedoch insbesondere in der Umgebung der Swine werden weitere slawische Siedlungsplätze vermutet.

Die Burgen waren die Mittelpunkte des slawischen Siedlungssystems und bildeten Zentren des gesellschaftlichen Lebens. Sie konnten verschiedene Funktionen haben. Um sie herum verteilte sich eine Anzahl von Siedlungen, die zusammen einen Burgbezirk bildeten. Diese Siedlungen waren häufig sehr klein, in vielen Fällen wahrscheinlich nur Einzelhöfe. Darauf weisen auch die Siedlungsvorgänge während der deutschrechtlichen Kolonisation des 13. Jahrhunderts hin. Nicht selten gingen dann in den bereits slawisch besiedelten Landstrichen mehrere Siedlungen in einer der neu gebildeten Dörfer mit ihren Gemarkungen auf. Hinweise darauf gibt es für Usedom z. B. auf dem Lieper Winkel, wo anlässlich einer Schenkung an das Kloster Grobe (Pudagla) durch die pommersche Herzogin Anastasia 1187 von Dörfchen (villulae) die Rede ist, die dann im 13. Jahrhundert teilweise verschwanden, sprich in den neuen Feldmarken aufgingen.

Die Slawen betrieben bereits einen recht intensiven Ackerbau, bevorzugten dabei aber leichte Böden. Deshalb dürfte die Insel mit ihren vorherrschenden sandigen Böden für sie besonders attraktiv gewesen und mit eine Erklärung für die dichte Besiedlung in der spätslawischen Periode sein. Auch die Viehzucht hatte einen großen Stellenwert, wobei das Hauptzugtier in der Landwirtschaft allem Anschein nicht das Pferd, sondern der Ochse war. Er zog den Hakenpflug, mit dem der Boden zwar aufgebrochen, aber nicht wie beim richtigen Pflug gewendet wurde. Leichtere Böden eigneten sich für diese Form der Bodenbearbeitung natürlich besser.

Wichtig dürfte auch die Fischerei gewesen sein, denn der Fischreichtum des Haffs war auch noch in späterer Zeit sprichwörtlich. Dagegen war wohl die Fischerei auf der Ostsee kaum betrieben worden, denn der Küstenstreifen zur pommerschen Bucht hin zeigt sich nahezu siedlungsleer. Waldwirtschaft und Imkerei, denen man früher immer einen immensen Anteil am Wirtschaftsleben der Slawen beimaß, mögen auch ihre Bedeutung gehabt haben.

Eine besonders wichtige Rolle spielte aber der Handel, der in Küstengebieten naturgemäß hauptsächlich auf dem Wasserweg vollzogen wurde. Zumindest in der spätslawischen Periode war der für die Insel später namengebende Ort Usedom ein bedeutender Handelsplatz. Dies belegen sowohl Schriftquellen als auch archäologische Funde. Und nicht zuletzt wurde gerade dort 1152/53 das Kloster Grobe gegründet. Denn der Prämonstratenserorden, zu dem das Kloster gehörte, siedelte sich anders als die Zisterzienser in dicht bevölkerten, wirtschaftlich starken und politisch bedeutsamen Orten an. Wie neuere archäologische Untersuchungen ergeben haben, gehörte der Ort Grobe zum vermutlich aus mehreren Siedlungen bestehenden slawischen Siedlungszentrum auf der Gemarkung der heutigen Stadt Usedom, war eine anscheinend nicht unbedeutende Handwerker- und Handelssiedlung und ist auf dem Gelände des so genannten Priesterkamps südlich der Stadt zu lokalisieren.

Zahlreiche Schatzfunde legen Zeugnis vom Umfang des damaligen Handels ab. Allerdings waren, wie gerade die schriftlichen Quellen über Ereignisse des 12. Jahrhunderts berichten, die Grenzen zwischen Seehandel und Seeraub nicht selten mehr als fließend.

Über die soziale Schichtung der slawischen Bevölkerung weiß man relativ wenig. An der Spitze stand eine Gruppe von Edelfreien, wie sie z.b. beim so genannten Usedomer Landtag des Jahres 1128 genannt wird. Sie dürften das Land als eine Art Grundherren unter sich aufgeteilt haben, auf dem von ihnen abhängige Leute arbeiteten. Ob es sich dabei um eine schon länger bestehende oder erst infolge der politischen Veränderungen des frühen 12. Jahrhunderts herausgebildete Gruppe handelte, kann nicht eindeutig entschieden werden. Auch fehlen konkrete Hinweise auf freie Bauern bzw. Landbewohner, wie sie für andere slawische Siedlungsgebiete bezeugt sind. Eine exponierte Stellung innerhalb der Gesellschaft nahmen zweifellos die Priester ein. In den sich entwickelnden frühstädtischen Orten wie Usedom wird es neben den Händlern auch spezialisierte Handwerker gegeben haben. Ganz unten auf der Leiter der sozialen Gruppen standen die Unfreien, die zu großen Teilen Kriegsgefangene waren. Der Menschenhandel war noch im 12. Jahrhundert ein sehr einträgliches Geschäft. So weiß man z.B., dass die in der Mitte des 12. Jahrhunderts zu den Pomoranen geflohenen Obodriten von jenen an andere Völkerschaften, u.a. die Polen, weiterverkauft wurden.

Die Handelszentren waren darüber hinaus Kontaktzonen mit anderen Völkern, von denen an erster Stelle wohl die skandinavischen Wikinger zu nennen wären. Diese trieben nicht nur Handel mit den Slawen, sondern errichteten auch mehr oder weniger dauerhafte Siedlungen, wie die in einigen altnordischen Sagas erwähnte Jomsburg. Diese wird von einigen Forschern immer noch auf Usedom gesucht, befand sich höchstwahrscheinlich aber im Umfeld des slawischen Großhandelsplatzes Wollin auf Usedoms gleichnamiger Nachbarinsel. Jedoch ist der archäologische Nachweis bisher noch nicht gelungen. Die Jomsburg als Zentrum des Wikingergaus Jom an der südlichen Ostseeküste existierte von der Mitte des 10. bis zum Ende des 11. Jahrhunderts. Sie wurde der altnordischen Überlieferung zufolge 1098 von dem dänischen König Erik I. Ejegod bei einem Kriegszug an die pommerschen Küsten zerstört.

Ein anderer Siedlungsplatz der Nordmänner in der Nähe Usedoms bestand bei Mestlin an der Peene unweit von Anklam. Dort existierte vom 8. bis zum 10. Jahrhundert eine ethnisch gemischte Siedlung, in der Wikinger und Slawen nebeneinander lebten. Auch sie fand ein jähes Ende. Vielleicht wurde sie zerstört und die Jomsburg trat ihre Nachfolge an?

Stammeszugehörigkeit und frühe politische Organisation

Bis heute ist die Stammeszugehörigkeit der spätslawischen Bewohner Usedoms unklar. Allgemein nimmt man an, dass sie zum Stammesverband der Lutizen bzw. Wilzen gehörten, die den Osten Mecklenburgs und Vorpommern besiedelten. Aber eine eindeutig auf Usedom zu beziehende Bezeichnung gibt es nicht. Eng verbunden ist diese Frage zudem mit der nach dem Siedlungsgebiet des lutizischen Hauptstammes der Redarier und der Lage des lutizischen Haupttempels Rethra. Die meisten Forscher lokalisieren beides im Umfeld des Tollensesees, aber es halten sich bis heute hartnäckig wohlüberlegte Meinungen, dass beides auch auf Usedom bzw. dem vorgelagerten Festland zu suchen sei. Eine Verbindung der Usedomer Slawen zu der seit dem 10. Jahrhundert auf der Nachbarinsel Wollin bestehenden Handelssiedlung Wollin (Jumne, Vineta) lässt sich ebenfalls nicht eindeutig nachwei-

sen. Ob und wenn wann sich die kleineren Burgbezirke der
Insel zu größeren politischen Einheiten zusammenschlossen
bzw. sich an solche anschlossen, ist bis ins 12. Jahrhundert
hinein ungewiss. Für die späte Slawenzeit sind zumindest die
Namen von zwei Landschaften überliefert, die auf Usedom
lokalisiert werden. Es sind dies Wanzlow und Bukow. Sieht
man von einer frühen Nennung Wanzlows in einer unechten
Urkunde des Jahres 946 ab, so stammen diese Bezeichnungen
erst aus dem 12. Jahrhundert. Wanzlow ist ab 1128 mehrfach
belegt, Bukow sogar erst ab 1198. Mit Hilfe der in einigen
Urkunden genannten Orte lassen sich Wanzlow als der Süd-
westteil und Bukow als der Nordwestteil von Usedom ausmachen. Als zeitgenössische Charakterisierungen erscheinen die
Begriffe „provincia" und „terra", worunter im 12. Jahrhundert Burgbezirke im Rahmen einer neu eingeführten Kastella-
neiverfassung zu verstehen sind. Während die „terra" Wanzlow mit dem Hauptort Usedom und der dortigen Burg, dem
„castrum Uznam", einen eigenen solchen neuen Burgbezirk
bildete, war die „terra" Bukow Bestandteil eines Burgbezirks,
der auch die die auf der anderen Seite des Peenestromes angrenzenden Gebiete umfasste. Dessen Mittelpunkt stellte im
12. Jahrhundert unzweifelhaft Wolgast dar. Diese also damals
schon feststellbare Bindung des nordwestlichen Inselteils an
das gegenüberliegende Festland hatte auch später noch
Bestand. Die Grenze zwischen den beiden „terrae" vermutet
man entweder bei Ückeritz – der Name Ückeritz enthält das
slawische Wort für Grenze – oder an der Landenge zwischen
Koserow und Zempin. Unklar bleibt aber, ob diese politisch-
administrative Einteilung der Insel im 12. Jahrhundert an
bereits bestehende Verhältnisse anknüpfte oder eine Neu-
schöpfung nach der Einbeziehung in den frühpommerschen
Herzogsstaat war.

Noch bevor diese beiden Landschaftsbezeichnungen auf-
kamen, taucht ein Name in polnischen Quellen des 12. Jahrhunderts auf, der der Forschung bis heute Rätsel aufgibt:
„Selencia". Die Verbindung zwischen „Selencia" und Usedom
wird dabei über den in einigen Urkunden auftauchenden Land-

schaftsnamen „Wanzlende", der bisher meist als Verschreibung oder Verballhornung von Wanzlow interpretiert worden ist, gesehen. Danach müsse „Wanzlende" als „wo zlende" gelesen werden, was soviel wie „in Zlende" mit der deutschen Bedeutung „im trägen Wasser" o. ä. heiße. „Zlende" wiederum könne dann mit „Selencia" in Zusammenhang gebracht werden. „Wozlende" wird eben genau dort gesucht, wo auch die schon erwähnte Landschaft „Wanzlow" verortet wird: im Südwesten Usedoms und möglicherweise auch auf dem gegenüberliegenden Festland. Vielleicht ist „Selencia" ja auch eine slawische Bezeichnung für das Stettiner Haff überhaupt?

Der Polenherzog Boleslaw III., genannt Schiefmund, drang zu Beginn des 12. Jahrhunderts erneut in das Siedlungsgebiet der Pomoranen östlich der Oder ein und stieß dabei bis in das Odermündungsgebiet vor. Sein Chronist Gallus, der nur wenig später darüber einen Bericht niederschrieb, erwähnt, dass Boleslaw nicht nur gegen die Pomoranen und Pruzzen, sondern auch gegen „Selencia" vorgegangen sei. Sowohl polnische als auch deutsche Forscher haben dieses „Selencia" in das Odermündungsgebiet verlegt und charakterisieren es als eine Art staatliche Neugründung nach dem Zusammenbruch des Lutizenbundes 1066. Das Ende dieses Ostseereiches sei mit der pommerschen Eroberung des Peenegebietes, also des späteren Vorpommern, in den zwanziger Jahren des 12. Jahrhunderts gekommen. Der sonst nur schwer einzuordnende Slawenfürst Dumar, gegen den Herzog Lothar von Sachsen, der spätere Kaiser Lothar von Süpplingenburg, 1114 zu Felde zog, gehört ebenfalls in diesen Zusammenhang und stand möglicherweise an der Spitze des politischen Gebildes Selencia.

Die schlechte Quellenlage wird eine eindeutige Lösung leider nicht zulassen, denn gerade für die Jahre, die als die Blütezeit des Staates „Selencia" angenommen werden, 1115 bis 1125, fehlen die entsprechenden Abschnitte in der Chronik des polnischen Geschichtsschreibers Gallus. Dass Usedom zu jener Zeit aber ein wichtiges politisches Zentrum gewesen war, geht allerdings auch schon aus der Tatsache hervor, dass es das

Ziel der zweiten Missionsreise Bischofs Otto von Bamberg in den späteren vorpommerschen Raum 1128 gewesen war. Und auch nach der Machtübernahme durch die Pommernherzöge in Vorpommern behielt Usedom lange seine exponierte Stellung innerhalb des sich bildenden frühpommerschen Herzogsstaates.

Usedom im frühpommerschen Herzogsstaat

Der Pfingstsonntag des Jahres 1128 war und ist für die Geschichte Usedoms und Pommerns ein bedeutendes Datum. Herzog Wartislaw I. von Pommern hatte die Großen des Landes und die Burgvögte bzw. Kastellane von Demmin und Wolgast sowie den Fürsten von Gützkow, wie es in den Quellen heißt, nach Usedom zu einem Landtag gerufen. Dort war auf Bitten des Herzogs Bischof Otto von Bamberg zu seiner zweiten Missionsreise durch das Herrschaftsgebiet Wartislaws I. eingetroffen. Auf dem Landtag sollte über die Einführung des Christentums beraten und entschieden werden. Der Auftrag Ottos von Bamberg wurde ein voller Erfolg. Der Beschluss über die Annahme des neuen Glaubens fiel eindeutig aus und alle Teilnehmer ließen sich taufen.

Dieser Vorgang wirft zugleich ein Schlaglicht auf die veränderte politische Situation im Odermündungsgebiet und im unteren Peeneraum. Der Pommernherzog, dessen Machtbereich sich noch wenige Jahre zuvor nur bis Kammin, Wollin und Stettin erstreckte, gebot nun auch über Gebiete, die sich wie Demmin viel weiter nach Westen erstreckten. Er selbst hatte sich erst kurz zuvor, 1121 oder 1122, dem Polenherzog Boleslaw III. unterwerfen müssen. Doch gleich darauf eroberte er mit polnischer Hilfe die bis dahin lutizischen Gebiete westlich der Oder und zerstörte dabei möglicherweise den Staat Selencia im Odermündungsgebiet mit der Insel Usedom im Zentrum. Seit dieser Zeit verlief die Geschichte Usedoms im

Rahmen der pommerschen Geschichte. Zugleich zeigte sich bei dieser zweiten Missionsreise Ottos der wachsende Einfluss des römisch-deutschen Reiches. Seine erste Reise unternahm er 1124 noch auf Veranlassung und unter dem Schutz des Polenherzogs von Polen aus. Jetzt, nur vier Jahre später, kam er direkt aus Südwesten in die Slawenlande an der Ostsee. Jedoch war der deutsche Einfluss noch nicht so stark, dass er unmittelbar im Anschluss an die Missionierung zu einer direkten Einbeziehung des Machtbereiches des pommerschen Herzogs in das politische Gefüge des Reiches oder gar zu einer von Deutschland ausgehenden Kolonisation geführt hätte. Dies alles geschah erst viel später. Zunächst ging es um die Sicherung des Erreichten, sprich die Festigung des christlichen Glaubens durch die Einrichtung und den Ausbau einer kirchlichen Organisation.

Erste Kirchengründungen gehen wahrscheinlich noch auf Otto von Bamberg selbst zurück. So nimmt man an, dass bereits er die heute nicht mehr existierende St. Paulus-Kirche in der späteren Stadt Usedom errichten ließ. Ein bedeutender Meilenstein war die 1140 erfolgte Begründung eines auf das Herrschaftsgebiet der pommerschen Herzöge bezogenen Bistums mit Sitz in Wollin. Damit endeten zunächst die auch auf kirchenorganisatorischem Gebiet geführten Auseinandersetzungen zwischen Deutschen und Polen, denn das neue Bistum wurde dem Heiligen Stuhl in Rom direkt unterstellt. Sowohl das deutsche Erzbistum Magdeburg wie auch das polnische Erzbistum Gnesen, die beide um die Unterstellung der pommerschen Gebiete unter ihren Sprengel rangen, gingen leer aus. Der Einfluss Polens auf Pommern war sowieso seit den dreißiger Jahren des 12. Jahrhunderts, namentlich nach dem Tod Boleslaw Schiefmunds 1138, als in Polen wieder eine Phase der staatlichen Zersplitterung eintrat, zurückgegangen. Dagegen verstärkte das Erzbistum Magdeburg seit dem Wendenkreuzzug von 1147 seine Aktivitäten im pommerschen Herrschaftsgebiet. Hierzu können wir zweifellos die Gründung des Klosters Grobe in unmittelbarer Nähe der slawischen Frühstadt Usedom 1152/53 rechnen. Der erste

Konvent bestand aller Wahrscheinlichkeit nach aus Mönchen der Klöster Unser Lieben Frauen in Magdeburg und Parduin bei Brandenburg. Die Burg Usedom war zu dieser Zeit offensichtlich eine der Lieblingsresidenzen der pommerschen Herzöge. Sie lag so ziemlich im Zentrum ihres Herrschaftsgebietes, welches sich damals von der Landschaft Zirzipanien westlich des Kummerower Sees bis zum Fluss Persante im Osten erstreckte. Es ist anzunehmen, dass die umfangreichen Schenkungen der pommerschen Herzöge an das Kloster Grobe in der zweiten Hälfte des 12. und zu Beginn des 13. Jahrhunderts in dessen Funktion als herzogliches Eigenkloster begründet liegen könnten. Die Verbindung von Burg und Kloster war damals ein überall in Europa zu beobachtendes Phänomen bei der Residenzbildung. Der Höhepunkt dieser Entwicklung war wohl mit der zeitweiligen Verlegung des Bischofssitzes von Wollin nach Usedom in den fünfziger Jahren des 12. Jahrhunderts erreicht. Erst 1175 erfolgte eine erneute Verlegung nach Kammin, die dann endgültig bleiben sollte. Die 1188 vom Papst nun ausdrücklich bestätigte direkte Unterstellung der von da an Bistum Kammin genannten Kirchenprovinz unter den Heiligen Stuhl markiert deutlich den schwindenden Einfluss des Magdeburger Erzbistums zu Ende des 12. Jahrhunderts.

Inzwischen hatte sich eine neue Macht im südlichen Ostseeraum etabliert: Dänemark. Beginnend mit einem ersten Kriegszug im Jahre 1162 suchten dänische Heerscharen in den folgenden Jahrzehnten immer wieder die slawischen Siedlungsgebiete an der südlichen Ostseeküste heim. Die Odermündungsinseln und das umliegende Festland bildeten dabei ein Hauptziel. Obwohl die pommerschen Herzöge 1181 in Lübeck ihr Herrschaftsgebiet vom Kaiser zu Lehen nahmen, mussten sie sich doch wenige Jahre später der militärischen Übermacht der Dänen beugen und 1185 zumindest für ihre westlichen Herrschaftsgebiete die dänische Lehnshoheit anerkennen. Hintergrund war der Sturz des Sachsenherzogs Heinrich des Löwen, der bis dahin in den Slawenländern an der südlichen Ostseeküste der große Gegenspieler der dänischen Könige Waldemar I. und Knut VI. gewesen war. Die politischen Hauptinteressen von Heinrichs Gegner, Kaiser Friedrich I., genannt Barbarossa, lagen woanders und so überließ er den Norden des Reiches und die angrenzenden slawischen Ostseeländer den Dänen. Die dänische Vormachtstellung wurde erst mit der Schlacht von Bornhöved 1227 gebrochen.

Letztlich hatten die Däneneinfälle einen allseitigen Niedergang der spätslawischen Gesellschaft zur Folge. Sie dienten in erster Linie der militärischen Unterwerfung der Slawen und der Sicherung der Eroberungen. Die ständigen Raubzüge und Zerstörungen dürften zu einer enormen Vernichtung materieller Werte und damit zu einem Erlahmen der wirtschaftlichen Kräfte geführt haben. Allein die slawische Frühstadt und herzogliche Residenz Usedom ist 1164, 1166 und 1177 niedergebrannt worden. Auf der anderen Seite blieb die Ansetzung von Siedlern dänischerseits auf punktuelle Vorhaben beschränkt und hatte daher keinerlei Bedeutung. Dieser allgemeine gesellschaftliche Niedergang des noch slawischen Pommern war mit die entscheidende Voraussetzung, dass der nun wieder stärker werdende deutsche Einfluss seit dem zweiten Viertel des 13. Jahrhunderts zu einer völlig neuen Entwicklung führte.

Usedom hatte zu dieser Zeit seine zentrale Funktion innerhalb des frühpommerschen Herzogsstaates, wie man die Periode pommerscher Geschichte zwischen der Christianisierung zu Beginn des 12. und dem Einsetzen der deutschrechtlichen Kolonisation im 2. Drittel des 13. Jahrhunderts bezeichnet, bereits verloren. Der gesamte Machtbereich der pommerschen Herzöge war seit Anfang des 13. Jahrhunderts in zwei Teilherrschaften zerfallen. Die Hauptresidenz des einen Teils wurde unter Herzog Wartislaw III. die herzogliche Burg Demmin, die des anderen blieb bis in die dreißiger Jahre zunächst noch Usedom, dann erfolgte unter Herzog Barnim I. eine zunehmende Verlagerung nach Stettin. Obwohl weiterhin geographisch in der Mitte des Herzogtums gelegen, geriet die Insel politisch zunehmend an dessen Peripherie.

Der deutschrechtliche Landesausbau im 13. Jahrhundert

Um 1230 stießen die westlichen Nachbarn der Pommernherzöge, die Fürsten von Mecklenburg, in die Grenzgebiete vor und entrissen den Pommern das Land Zirzipanien, d. h. das Gebiet westlich des Kummerower Sees. 1236 mussten große Gebiete im Südwesten, u. a. das Land Stargard, das spätere Mecklenburg-Strelitz, an die Brandenburger Markgrafen abgetreten werden. Die schlimmen Zeiten der Däneneinfälle schienen sich zu wiederholen. Doch etwas war anders als damals. Es blieb nicht nur bei der militärischen Eroberung, sondern den Kriegern folgten die Siedler, gerufen von den Herzögen und bald auch von den ansässig gewordenen Klöstern und Adligen. Eine Wende in der gesellschaftlichen Entwicklung des Landes bahnte sich an, die Verhältnisse schuf, welche in vielen Bereichen bis zum Beginn des 19. Jahrhunderts Gültigkeit behalten sollten.

Sichtbar wird dieser Wandel zunächst an der sprunghaft steigenden Zahl der überlieferten Urkunden. Die schriftliche Fixierung von Rechtsakten aller Art war selbst ein Teil des neuen Zeitalters. Bereits die Mönche des seit 1152/53 bestehenden Klosters in Grobe hatten, den Gepflogenheiten ihres Herkunftslandes folgend, alle für sie wichtigen Rechtsgeschäfte schriftlich niedergelegt. Die meisten, ja vielleicht sogar alle sie betreffenden Urkunden jener frühen Zeit haben sie sicher selbst geschrieben, denn sie dürften die einzigen Schriftkundigen weit und breit gewesen sein. Deshalb hielt sich die Anzahl der Urkunden auch lange Zeit in recht engen Grenzen. Doch seit den dreißiger Jahren des 13. Jahrhunderts kamen immer mehr Menschen, die mit den im römisch-deutschen Reich und in Westeuropa herrschenden Verhältnissen vertraut waren, in die Länder der Pommernherzöge. Für den Hof des in Demmin residierenden Herzogs Wartislaw III. gilt 1236 als eine Art Grenzjahr. Damals tauchten die ersten Berater in der Umgebung des Fürsten auf, die eindeutig deutscher Herkunft waren. Am Hof seines Vettern Barnim I., der auch über Usedom gebot, geschah dies nur wenig später, dafür aber umso wirkungsvoller. Barnim I. gilt als der Städtegründer – gemeint sind Städte nach deutschem Recht – unter den pommerschen Herzögen. In gewisser Weise profitierte sogar die Siedlung Usedom davon, denn nachdem das von Barnim zur Hauptresidenz erkorene Stettin 1243 das Magdeburger Stadtrecht verliehen bekam, hielt er sich wieder öfter in der alten Herzogsburg auf der Insel auf, wie die von ihm ausgestellten Urkunden belegen.

Während früher die Vorstellung herrschte, dass im Prozess der deutschrechtlichen Kolonisation die ansässige slawische Bevölkerung verdrängt wurde und zugrunde ging, geht man heute davon aus, dass diese mit einbezogen wurden. Daher wird es auch nach der Mitte des 13. Jahrhunderts noch für eine gewisse Zeit ein Nebeneinander von deutscher und slawischer Bevölkerung gegeben haben. Dies gilt gerade für Usedom, das ja im 12. Jahrhundert eine sehr dichte slawische Besiedlung aufwies. Nur in einzelnen Fällen lässt sich ein Ausweichen der Slawen, und dann auch meist nur von Adligen, vor den Deutschen belegen. Aber auch dann erfolgte es ohne genaue Kenntnis der Einzelheiten. So befand sich die Halbinsel Gnitz im späten 12. und frühen 13. Jahrhundert im Besitz des slawischen Adligen Henricus de Gnez, der um 1225 starb. Er wird dem später in Hinterpommern ansässigen Adelsgeschlecht der von Natzmer zugerechnet. Seine Söhne haben den Gnitz vielleicht noch in Besitz gehabt, aber bereits kurz nach 1240 erschienen die ersten Vertreter des deutschen Adelsgeschlechtes von Lepel auf dem Gnitz. Sie waren Söhne des Gerhard von Lepel, der als Truchsess des mecklenburgischen Fürsten Johann wohl in den dreißiger Jahren des 13. Jahrhunderts mit der neuen Heimat erstmals in Kontakt kam. Vorher tauchte er in der Gegend von Gadebusch im heutigen Westmecklenburg auf.

Wir haben hier vielleicht eine Parallele zu einem anderen Adligen aus dem Umfeld der mecklenburgischen Fürsten, Detlev von Gadebusch, der ebenfalls um 1240 in Vorpommern ansässig wurde, 1242 der Siedlung Loitz das lübische Stadtrecht verlieh und in der Gegend um Loitz sich eine eigene Herrschaft aufzubauen versuchte.

Neben den von Lepel, die bis zu ihrer gewaltsamen Enteignung und Vertreibung 1945 auf der Insel ansässig blieben, wanderten in der Mitte des 13. Jahrhunderts weitere Adelsfamilien ein, von denen insbesondere zwei für die mittelalterliche Geschichte Usedoms von Bedeutung waren, die von Neuenkirchen mit ihren mittelalterlichen Hauptgütern Gothen und Mellenthin sowie die von Schwerin mit dem Hauptsitz in Stolpe. Weitere adlige Familien waren nur zeitweise ansässig oder starben bald nach ihrer Einwanderung wieder aus bzw. wanderten ab, wie zum Beispiel Vertreter der Familie von Kameke, die dann ähnlich wie die oben bereits genannten von Natzmer in Hinterpommern ansässig wurden.

Die Mönche und Adligen brachten Siedler mit, aber v. a. auch ihre Vorstellungen von Recht, Wirtschaft und politischer Verfassung der Gesellschaft. Manches davon hat sich, wenn man genau hinschaut, bis heute in der Landschaft erhalten. Vieles lässt sich aber nur durch sich wandelnde Begrifflichkeiten in den zeitgenössischen Dokumenten nachweisen. Im Bereich der Verwaltung und Rechtsprechung löste die Vogteiverfassung das slawische Kastellaneisystem ab. Der Vogt, lateinisch „advocatus", wurde sozusagen der Stellvertreter des Landesherrn, des pommerschen Herzogs, auf regionaler Ebene. Er sprach, in der Regel an festgesetzten Gerichtstagen, Recht; seine lateinische Bezeichnung wurde ja später in der eingedeutschten Form „Advokat" zum Synonym für den Rechtsanwalt bzw. den Rechtsgelehrten überhaupt. Daneben erhob er die landesherrlichen Steuern, von denen im Mittelalter die so genannte Bede die wichtigste war, und zeichnete für die militärische Sicherung des ihm übertragenen Verwaltungsbezirks verantwortlich. Letzteres bedeutete, dass er im Kriegsfall das ihm unterstehende Aufgebot des Adels und der

Städte führte und dass er für den baulichen Erhalt der meist den Mittelpunkt einer Vogtei ausmachenden Burg zuständig war. Darüber hinaus erhob er die dem Herzog als Grundherren zustehenden Abgaben und beaufsichtigte die Dienste der in seinem Sprengel ansässigen Untertanen des Landesherren.

Aber anders als heutige Verwaltungsbezirke waren die mittelalterlichen Vogteien keinesfalls flächendeckend, sondern konstituierten sich in erster Linie durch Herrschaftstitel, die durch zahlreiche Immunitäten und konkurrierende Herrschafts- und Besitzrechte anderer durchbrochen werden konnten. Man spricht deshalb für diese Zeit auch vom so genannten Personenverbandsstaat, weil das entscheidende Merkmal die zwischen Personen bestehenden Rechtsverhältnisse waren. Die wesentlichste Ursache für dieses uns heute kaum mehr entwirrbar erscheinende Durcheinander bei Herrschaft und Besitz im Mittelalter und auch noch in der frühen Neuzeit war die Grundherrschaft. Grundherrschaft bedeutete Besitz von Grund und Boden verbunden mit Herrschaftsrechten über die auf diesem ansässige Bevölkerung. Grundherren waren zunächst die Landesherren, aber wohl auch schon in slawischer Zeit neben ihnen einflussreiche Adelsgeschlechter, wie sie etwa als die Großen des Landes beim Usedomer Landtag 1128 genannt werden. Daneben konnte der Landesherr ihm zustehende Besitzungen mit den daran haftenden Rechten ganz oder teilweise an andere ausgeben. Die Vergabe konnte wiederum in Form von endgültigen Übereignungen geschehen oder aber mehr oder weniger befristet. Alle diese zahlreichen Möglichkeiten bei der Erwerbung von Grundherrschaft, die auch in ihrer Gesamtheit zur Anwendung kamen, machten die daraus resultierenden Verhältnisse eben oft so undurchschaubar. Die übergroße Mehrheit der im Mittelalter ausgestellten Urkunden beinhaltete schließlich die Vergabe von Herrschafts- und Besitztiteln. Wer damals Grundherr ohne Einschränkungen war, konnte nicht nur Abgaben und Dienste von der auf seinen Ländereien ansässigen Bevölkerung einfordern, sondern war auch Inhaber der Gerichtsherrschaft und entschied dann sogar über Leben und Tod seiner Hintersassen.

Ein weiteres bis in das frühe 19. Jahrhundert die gesellschaftlichen Verhältnisse bestimmendes Merkmal war das so genannte geteilte Eigentum an Grund und Boden, wie es die Juristen nennen und wie es heute eigentlich nur noch beim Erbbaupachtrecht vorkommt. Aber damals unterlag die übergroße Mehrzahl des Landbesitzes dieser Rechtsform. Dazu gehörte der nach Lehnrecht ausgegebene Besitz des Adels genauso wie auch die verschiedenen Formen der bäuerlichen Landleihe, also Erbzins-, Erbpacht- oder Lassrecht. Beim Lehnrecht vergab der Lehnsherr seinem Vasallen meist erblich Besitzungen mit den daran haftenden Herrschaftsrechten und den daraus fließenden Einkünften. Im Gegenzug musste sich der Vasall zu Kriegsdiensten verpflichten, in der Regel durch die Stellung von so genannten Lehnpferden. Die Anzahl der vom Vasallen auszurüstenden, zu unterhaltenden und zu stellenden Pferde richtete sich nach dem Umfang der Besitzungen und deren Einkünften. Das gesamte abendländische Militärwesen des Mittelalters war in dieser Weise organisiert.

Bei der bäuerlichen Landleihe vergab der Grundherr Ländereien an seine Untertanen zu einer meist unbefristeten Nutzung und erhielt im Gegenzug dafür Abgaben und Dienste. Man unterschied verschiedene Formen der Landleihe. Die für den Bauern günstigste Form stellte das Erbzinsrecht dar. Die Nutzung war unbefristet und erblich, und der dafür zu zahlende Erbzins lediglich eine von den tatsächlichen Erträgen des Hofes abgekoppelte Anerkennungsgebühr des Obereigentums des Grundherren, die nicht erhöht werden konnte. Das Erbpachtrecht gestaltete sich ähnlich, jedoch war die Erbpacht eine an der wirtschaftlichen Leistungskraft der übergebenen Ländereien orientierte Abgabe, die zudem verändert werden konnte, wenn sie nicht mehr mit den gängigen Marktpreisen für landwirtschaftliche Produkte in Einklang stand. Kündigungen seitens des Grundherren waren bei diesen beiden Rechtsformen nicht oder nur sehr schwer möglich. Die ungünstigste Form für den Bauern war das Lass- oder lassitische

Recht. Bei diesem bestand lediglich ein zwar unbefristetes, aber nicht erbliches Nutzungsrecht, das jederzeit vom Grundherrn unter Wahrung bestimmter Fristen gekündigt werden konnte. Die Abgaben waren ebenfalls ein jederzeit veränderliches Nutzungsentgelt. Dagegen besaß diese Rechtsform auch einige Vorteile für den Bauern. Der Grundherr musste in der Regel bei der Erstausstattung die Hofwehr, d. h. das für den Betrieb des Hofes notwendige Vieh, Saat- und Brotkorn sowie Gerätschaften, zur Verfügung stellen. Er war zudem für die kostenlose Lieferung von Baumaterial zur Instandhaltung der Hofgebäude verpflichtet und musste den Bauern in Notzeiten wie z.B. bei Missernten, Naturkatastrophen und Kriegen unterstützen. Solange der Grundherr sein Land nicht zurückforderte, war also das lassitische Besitzrecht durchaus günstig für den Bauern. Erst der ab dem 16. Jahrhundert einsetzende Ausbau der Gutswirtschaft sollte mit dem berüchtigten „Bauernlegen" die Kehrseite dieses Verhältnisses zeigen.

Wenn auch die Insel Usedom bereits in der spätslawischen Zeit vergleichsweise dicht bevölkert war und in dieser Zeit nicht unerhebliche Rodungen erfolgten, so setzte doch mit der Zuwanderung deutscher Siedler eine neue Rodungsphase ein, deren Ergebnis das heute noch erkennbare Siedlungssystem der Insel ist. Zu den Besonderheiten der Kolonisation auf Usedom zählen jedoch das im Vergleich mit benachbarten festländischen Gebieten fast völlige Fehlen deutscher Ortsnamen, v. a. so genannter Hagendörfer. Dies bedeutet, dass sich die Umwandlung innerhalb des bestehenden slawischen Siedlungsnetzes vollzog. Neuendorf auf dem Gnitz könnte hier die berühmte Ausnahme von der Regel sein. Man hat es sich wohl als eine Art Siedlungskonzentration und -erweiterung vorzustellen, bei der mehrere der bestehenden slawischen Kleinsiedlungen zu einem neuen Dorf zusammengelegt wurden, dessen Feldmark u. U. durch Rodung noch eine zusätzliche Erweiterung erfuhr. Hinweise auf diese Vorgehensweise gibt es, wie bereits oben angedeutet, auf dem Lieper Winkel mit den dort Ende des 12. Jahrhunderts dem Kloster Grobe übereigneten „Dörfchen", die dann im 13. Jahrhundert verschwunden, sprich in den neuen Dörfern aufgegangen, waren. Verbunden war diese Veränderung der Siedlungsstruktur mit der Einführung neuer Feldsysteme beim Ackerbau. Auf Usedom kam in der überwiegenden Mehrzahl die klassische Dreifelderwirtschaft zur Anwendung. Das bedeutet, dass der gesamte Acker in drei möglichst gleichgroße Felder eingeteilt wurde, die einer festen Fruchtfolge unterlagen, in der Regel Wintergetreide (meist Roggen) – Sommergetreide (meist Gerste und Hafer) – Brache. Jeder Bauer im Ort hatte in jedem dieser drei Großfelder seine Anteile. Deren Anzahl und Größe hing von zwei Faktoren ab: erstens von der Anzahl der Hufen, die zum jeweiligen Hof gehörten, und zweitens von den natürlichen Standortfaktoren, v.a. der Bodengüte. Ziel der letztlich wie ein Flickenteppich aussehenden Aufsplittung der Feldmarken sollte eine möglichst gleichmäßige Verteilung sein. Diese Gemengelage der zu den einzelnen Bauernhöfen gehörenden Ackerflächen bedingte den so genannten Flurzwang, d. h. alle mussten zur selben Zeit die selben Arbeiten gemeinsam durchführen.

Die Größe eines Bauernhofes wurde in Hufen angegeben. Zwar liegen der Hufe gewisse, allerdings regional sehr stark voneinander abweichende Vorstellungen von Fläche zugrunde, doch war sie bis in die frühe Neuzeit hinein kein reines Flächenmaß. Als Faustregel kann man annehmen, dass die Hufe immer so viel Fläche beinhaltete, wie man zur Bewirtschaftung eines mit einem Pferdegespann, daher wohl auch der Name, ausgestatteten Bauernhofes benötigte. Die Hufe war zugleich die Bemessungsgrundlage für die meisten Abgaben an den Grundherren und für die Entrichtung der Steuern. Häufig gehörten zu den Bauernhöfen mehr als nur eine Hufe. Wie Steuer- und Abgabeverzeichnisse des 16. und 17. Jahrhunderts belegen, war auf Usedom und auch im übrigen Vorpommern die Ausstattung mit zwei Hufen die häufigste Form. Bemerkenswert ist darüber hinaus, dass bei der Mehrzahl der Usedomer Dörfer die so genannten Hakenhufen vorkamen. Hauptsächlich kamen drei Formen der Hufe bei der Landausstattung zur Anwendung, deren Größe zueinander sich wie 1 zu 2 zu 4 verhielt: die Hakenhufe, die Landhufe und Hagenhufe. Letztere war eine vornehmlich bei den durch Rodung neu entstandenen Hagendörfern angewandte Form, die aber auf Usedom nicht nachweisbar ist. Die Landhufe war die typische Form der deutschen Siedler, die sowohl bei neu angelegten, wie auch bei umgelegten slawischen Siedlungen Anwendung fand. Sie gab es auf Usedom v.a. im Usedomer Winkel und im Nordwesten im Wolgaster Ort. Es sind dies zugleich auch die fruchtbarsten Gebiete Usedoms. Die Hakenhufe kam nach verbreiteter Ansicht überall dort zur Anwendung, wo sich slawische Relikte am deutlichsten hielten. Sie ist die dominierende Hufenform auf Usedom und somit ein zusätzlicher Beleg für die intensive slawische Besiedlung der Insel und den starken Anteil, den die Slawen beim deutschrechtlichen Landesausbau hatten. Grundsätzlich rechnete seit dem 16. und 17. Jahrhundert eine Landhufe in Pommern zu rund 19,6 Hektar, eine Hakenhufe zur Hälfte davon, also rund 9,8 Hektar. Diese Zahlen sind aber nur als Anhaltswerte zu verstehen. Sie halten der Überprüfung anhand konkreter Einzelbeispiele häufig nicht stand.

Daneben gab es auf Usedom zahlreiche Siedlungen ohne Hufen. Dazu zählen einmal die Fischerorte an der Ostseeküste und zum anderen die kleinen Orte im Ostteil der Insel. Hier war der Ackerbau nicht der Haupterwerb, sondern man lebte in erster Linie von Fischerei und Waldwirtschaft.

Wiesen, Weiden und Wald wurden in den Hufendörfern gemeinschaftlich genutzt. Die Höhe des Anteils des Einzelnen, also die Menge des zu werbenden Heues oder des zur Weide zugelassenen Viehs, ergab sich wiederum aus der Hufenzahl des Hofes. Anders als beim verhuften Acker hatten hier aber auch die Kleinstelleninhaber im Dorf Anteilsrechte. Dazu zählten die Handwerker wie Schmiede, Krüger und gegebenenfalls auch die Müller, wie auch die so genannten Kossaten. Letztere, auch Kossäten genannt, waren eine Art Kleinbauern mit weniger als einer Hufe Acker und meist auch keiner vollständigen Anspannung. Ihr Ackerland bestand hauptsächlich aus den direkt bei den Höfen liegenden so genannten Wurthen, kleinen, intensiv genutzten Ackerstücken, die nicht der Rotation der üblichen Dreifelderwirtschaft unterlagen. Auch größere Bauernhöfe konnten über solche Wurthen verfügen.

Die Grundlage der im 13. Jahrhundert reformierten Landwirtschaft an der südlichen Ostseeküste war der Getreideanbau, dem sich alle anderen Produktionszweige unterordneten. Wir müssen diese Ausweitung des Getreideanbaus, der durch eine europaweit wachsende Bevölkerung ausgelöst und durch günstige klimatische Bedingungen während des 12. und 13. Jahrhunderts gefördert wurde, auch im Zusammenhang mit den im 13. Jahrhundert an der südlichen Ostseeküste gegründeten und sich rasch entwickelnden Städten sehen. Neben vielen anderen Produkten war es nicht zuletzt der Handel mit Getreide, der diese Städte reich und mächtig werden ließ. Verbesserte Geräte und Technologien zur Bodenbearbeitung, wie v. a. der Wendepflug, ließen zudem Anbaumöglichkeiten und Erträge steigen. Das Pferd wurde zum unbestrittenen Hauptzugtier in der Landwirtschaft, wobei es aber eine slawische Erfindung war, die in Nord- und Ostdeutschland die Zugleistung der Pferde bedeutend erhöhte: das Kummet.

Der deutschrechtliche Einfluss machte sich aber auch auf anderen Gebieten bemerkbar. Um die Mitte des 13. Jahrhunderts, so die Ergebnisse der bisherigen archäologischen Forschung, begann die Einwanderung deutscher Siedler auf dem Gebiet des slawischen Siedlungskomplexes Usedom. Sie bildeten zunächst eine eigene Siedlung, möglicherweise verbunden mit der Gründung einer eigenen Kirche, der Marienkirche, was sich aber für diese frühe Zeit nicht eindeutig nachweisen lässt. Diese Siedlung entwickelte sich in der zweiten Hälfte des 13. Jahrhunderts offenbar sehr rasch, so dass ihr am 23. Dezember 1298 Herzog Bogislaw IV. von Pommern-Wolgast, in dessen Machtbereich sich die Insel Usedom seit der pommerschen Hauptlandesteilung von 1295 befand, das lübische Stadtrecht verlieh.

So wichtig dies auch für die Entwicklung des Gemeinwesens war und so günstig sich die Siedlung auch bisher entwickelt hatte, war diese späte Stadtrechtsverleihung doch ein deutliches Indiz dafür, dass die neue „Rechtsstadt" Usedom nicht mehr in die erste Reihe der Städte im Herzogtum Pommern und damals noch bestehenden Fürstentum Rügen gehören würde. Die zum Teil schon über 50 Jahre früher mit entsprechenden Stadtrechtsprivilegien ausgestatteten Orte Stettin, Anklam, Greifswald und Stralsund waren am Ende des 13. Jahrhunderts bereits zu beachtlichen Gemeinwesen aufgestiegen und hatten ihre Interessen- und Einflussgebiete schon untereinander abgesteckt. Da blieb für die späteren Neugründungen nicht mehr viel übrig.

Einige lokale Faktoren mögen für die Entwicklung der Stadt Usedom zusätzlich nachteilig gewirkt haben. Die neu aufkommenden Schiffstypen wie Hulk und Kogge, mit denen die deutschen Hansekaufleute ihren Handel betrieben, hatten einen größeren Tiefgang, so dass zahlreiche der bisherigen Handelsplätze einfach wegen der zu geringen Wassertiefe das Nachsehen hatten. Dies könnte auch auf Usedom zutreffen. Selbst eine vergleichsweise große und mächtige Hansestadt wie Demmin hatte seit dem Spätmittelalter immer mehr mit diesem Problem zu kämpfen und blieb schließlich deutlich hinter den anderen großen Hansestädten zurück. Die weiterhin bestehende herzogliche Burg mit dem Vogt als ständig anwesendem Vertreter des Landesherrn dürfte die praktische Umsetzung der erworbenen städtischen Freiheiten zusätzlich erschwert haben.

Die konkrete Entwicklung der Stadt Usedom vor dem Ende des 15. Jahrhunderts lässt sich heute kaum noch rekonstruieren, hat doch der Stadtbrand von 1475 oder 1476 alle älteren Dokumente der Stadt vernichtet. Aber auch das, was wir aus den korrespondierenden Quellen anderer Städte oder der pommerschen Herzöge und des Klosters Pudagla entnehmen können, spricht eher für eine kleine Landstadt, die kaum mehr als eine örtliche Bedeutung hatte. Die Einwohnerzahl des Mittelalters lässt sich nur schätzen. Sie wird, mit zeitlichen Schwankungen, wohl zwischen 500 und 1000 betragen haben. Die ersten verlässlichen Zahlen aus dem 18. Jahrhundert liegen zwischen unter 700 und knapp 900. Von dem spätslawischen Handels- und Handwerkerzentrum mit zentraler politischer Bedeutung war nicht mehr viel geblieben.

Klöster und Kirchen bis zur Reformation

Die Anfänge der christlichen Religion auf Usedom gehen auf die oben beschriebene zweite Missionsreise Bischof Ottos von Bamberg 1128 zurück. Wenn auch nicht eindeutig nachweisbar, so ist es doch sehr wahrscheinlich, dass bereits unmittelbar im Anschluss die ersten Kirchen errichtet und geweiht wurden. In das Licht der zweifelsfrei überlieferten Geschichte treten die kirchlichen Einrichtungen dann mit der ebenfalls bereits erwähnten Errichtung des Prämonstratenserklosters in Grobe bei Usedom um 1153. Das Kloster erfreute sich in den ersten Jahrzehnten seines Bestehens einer besonderen Gunst der pommerschen Herzöge, die in zahlreichen Schenkungen von Grundbesitz zum Ausdruck kam. Höhepunkt der religiösen Bedeutung des Klosters war zweifellos seine Funktion als bischöfliche Residenz zwischen etwa 1155 und 1175.

Auch nachdem Usedom seine Bedeutung als Residenz im pommerschen Herzogsstaat im 13. Jahrhundert eingebüßt hatte, setzte sich der Grundbesitzerwerb des Klosters Grobe fort. Nun ist allerdings erkennbar, dass man seitens des Klosters bestrebt war, die in der ersten Zeit über das gesamte Herrschaftsgebiet der pommerschen Herzöge verstreuten Besitzverleihungen möglichst zu konzentrieren. Dies gelang auch im Laufe der Zeit fast vollständig, so dass das Kloster im 14. Jahrhundert den eindeutigen Schwerpunkt seines Grundbesitzes auf der Insel Usedom selbst hatte. Jetzt konzentrierte man sich darüber hinaus auf den Erwerb von Besitzungen anderer, in erster Linie adliger Vorbesitzer, was nicht immer ohne Streit und auch mitunter mit recht fragwürdigen Methoden, wie der Verwendung von gefälschten Urkunden, gelang. Im Laufe des 14. und 15. Jahrhunderts stieg das Kloster dadurch zum größten Grundbesitzer auf der Insel auf.

Einen wichtigen Einschnitt in der Geschichte des Klosters bedeutete seine Verlegung nach Pudagla zwischen 1307 und 1309. Seitdem hieß es nach dem neuen Standort recht bald nur noch Kloster Pudagla. Eine bereits 1184 von Herzog Bogislaw I. in Aussicht gestellte Verlegung des Klosters innerhalb der näheren Umgebung des Ortes Usedom selbst hat, obwohl der betreffende Urkundentext dies als geschehen dargestellt, dagegen nicht stattgefunden, wie neuere archäologische Untersuchungen ergaben. In Pudagla entstand eine imposante spätmittelalterliche Klosteranlage, von der aber heute außer dem später zu einer herzoglichen Witwenresidenz umgebauten Gebäude und einigen Mauerresten nichts mehr erhalten ist. Letzte Reste der im 18. Jahrhundert abgebrochenen und zu einem Wirtschaftsgebäude umgebauten Klosterkirche sind 1985 gesprengt worden.

Auf der Insel Usedom lag der Schwerpunkt der Besitzungen Pudaglas im südlichen Teil, insbesondere südwestlichen Teil, also dem alten slawischen Land Wanzlow. Der nordwestliche Teil, das alte Land Bukow, blieb dem Kloster Pudagla verschlossen, nicht zuletzt wegen der dort zu Beginn des 14. Jahrhunderts erfolgten Gründung des Klosters Krummin. Ebenso war der äußerste Osten der Insel dem Kloster aufgrund konkurrierender Ansprüche bzw. tatsächlicher Erwerbungen anderer Klöster weitgehend vom Besitzerwerb Pudaglas ausgenommen. Bereits 1242 hatte das Zisterzienserkloster Dargun, westlich von Demmin, erste Besitzansprüche an den Orten Garz und Kaseburg erwerben können, die es bis 1281 weitgehend festigen konnte. Nur ein Jahr später, 1243, erwarb das Kloster Stolpe an der Peene den Ort Korswandt, was infolge der nur wenig später erfolgten Erwerbungen des Klosters Grobe (Pudagla) in der unmittelbaren Nachbarschaft zu langwierigen Grenzstreitigkeiten bei Kachlin führte. Diese konnte Grobe (Pudagla) schließlich, und wieder nicht zuletzt dank des Einsatzes von gefälschten Urkunden, zu seinen Gunsten entscheiden.

Kloster Pudagla auf einer Lithographie von Sanne/Stettin 1846.
Repro: Thomas Helms

Die Erwerbung von außerhalb der Insel gelegenem Besitz gelang dem Kloster Pudagla dann wieder seit dem Beginn des 15. Jahrhunderts mit Gingst und anderen Orten auf Rügen. Häufig stellen die Urkunden über die Besitzerwerbung zugleich auch die urkundliche Ersterwähnung der betreffenden Orte dar. Die zahlreichen frühen Erwerbungen Pudaglas auf der Insel Usedom bewirken daher eine vergleichsweise frühe Ersterwähnung der meisten bis ins Mittelalter zurückreichenden Orte.

An der Spitze des Klosters Pudagla stand der Abt, der eigene Güter und einen eigenen Haushalt hatte. Der Konvent des Klosters setzte sich aus Kanonikern, Klerikern und Konversen zusammen. Erstere standen in der Rangfolge ganz oben und übten die verschiedenen Ämter innerhalb des Klosters wie Prior, Kantor, Kellner und Küchenmeister aus. Die Kleriker waren häufig an den dem Kloster unterstehenden Kirchen beschäftigt und die Konversen (Laienbrüder) arbeiteten auf den klostereigenen Grangien (Vorwerken) sowie als Handwerker. Eine umfangreiche Handwerkersiedlung im Umfeld des Klosters ist bereits für das 12. Jahrhundert bei Grobe bezeugt. Die Zahl der Klosterinsassen wurde 1347 mit 14 Priestern und fünf Konversen angegeben.

Neben Pudagla entstand zu Beginn des 14. Jahrhunderts ein zweites Kloster auf der Insel, das dem Zisterzienserorden angehörige Frauenkloster in Krummin. Es wurde ab 1302/03 vom Zisterzienserinnenkloster Wollin von der gleichnamigen Usedomer Nachbarinsel aus errichtet. Sowohl von der Klosteranlage selbst als auch vom Grundbesitz her konnte sich Krummin keinesfalls mit Pudagla messen. Seine Funktion war wie bei den meisten Frauenklöstern in erster Linie als Versorgungsanstalt für Töchter des umwohnenden Adels zu sehen. Zumindest deutet ein Namensverzeichnis der bei der Aufhebung des Klosters 1563 dort noch lebenden Nonnen darauf hin. Daher erfolgte die Aufnahme von Schwestern durch Einkauf mit einer Rente aus dem Besitz der Familie, der die Novizin entstammte. Der Konvent des von einer Äbtissin geführten Klosters war noch erheblich kleiner als bei Pudagla und als Besonderheit kam wie bei allen Frauenklöstern noch hinzu, dass die priesterlichen Ämter von Männern wahrgenommen werden mussten. Von den Klostergebäuden ist außer der im 19. Jahrhundert stark veränderten Kirche ebenfalls nichts mehr erhalten.

Verbunden war der Grundbesitzerwerb durch die Klöster von Anfang an auch mit der Stiftung und der Errichtung von Kirchen und der Etablierung einer Pfarreiorganisation auf dem flachen Land. Ein Ausdruck dieser kirchenorganisatorischen Tätigkeit ist die Übertragung des Patronats an das Kloster. Patronate wurden bei Neugründungen in der Regel dem Stifter der Kirche übertragen. Die erste Erwähnung einer Dorfkirche erfolgte 1216 in Liepe, einem dem Kloster Pudagla gehörenden Ort. In den folgenden Jahrzehnten entstanden viele weitere Kirchen in den Dörfern, so dass wir spätestens für die zweite Hälfte des 14. Jahrhunderts mit einem vollausgebildeten Pfarreisystem mit festen Sprengeln (Kirchgemeinden) rechnen dürfen. Beeindruckende mittelalterliche Kirchbauten finden sich noch heute in Zirchow, Mellenthin, Koserow, Benz oder Garz. Nicht alle Kirchen wurden von den Klöstern gestiftet und errichtet, auch der grundbesitzende Adel und die pommerschen Herzöge beteiligten sich daran. Der Kirchenbau und die Ausbildung eines Pfarreisystems liefen parallel zu den anderen Bereichen des deutschrechtlichen Landesausbaus und waren mit diesem natürlich untrennbar verbunden.

Die Bedeutung der Insel Usedom in der Frühzeit des pommerschen Herzogtums in kirchlicher Hinsicht kommt nicht zuletzt darin zum Ausdruck, dass es Zentrum eines Archidiakonats, also einer kirchlichen Verwaltungseinheit innerhalb des Bistums, wurde. Erstmals wird ein Archidiakon bzw. Probst für Usedom 1288 erwähnt. Sein Sprengel umfasste die Insel und westlich angrenzende Festlandsgebiete bis Greifswald, wo auch die dortige Probstei dazugehörte. Nicht zuletzt deshalb war wohl der Abt von Pudagla auch einer der Stifter bei der Gründung der Greifswalder Universität 1456.

Ein besonderes Kennzeichen spätmittelalterlicher Frömmigkeit war die Heiligenverehrung und ein damit häufig verbundenes Wallfahrtswesen zu den Aufbewahrungsstätten von Reliquien und zu Orten, an denen sich Wunder ereignet haben sollen. Eine bedeutende Wallfahrtsstätte bildete sich im 15. Jahrhundert auch auf Usedom. 1406 hatte Herzog Wartislaw VII. eine goldene Rose als Geschenk des Papstes von seiner Romreise mitgebracht. Diese Rose verehrte der Herzog später dem Kloster Pudagla, dessen wohl bedeutendster Abt, Heinrich Wittenburg, 1421 eigens dafür eine neue Kapelle auf dem Marienberg bei der Stadt Usedom errichten ließ. Der Bischof von Kammin genehmigte die Ausstellung der Rose und verhieß allen Besuchern den für spätmittelalterliche Gläubige so begehrten Ablass. Sehr rasch kam die Rose in den Ruf einer besonderen Wundertätigkeit und brachte dem Kloster natürlich durch die vielen Wallfahrenden zusätzliche Einkünfte. Über das Ende dieser Wallfahrten berichten die bereits evangelischen Chronisten des 16. Jahrhunderts nicht ohne eine gewisse Schadenfreude, dass bereits vor der Reformation ein anderer Abt die *„Abgotterey"* dieses Treibens erkannt und die Rose zerbrochen habe.

Eine weitere so genannte Gnadenstätte befand sich im Bereich des Klosters Krummin im Ort Zitz, dem mittelalterlichen Vorgänger des heutigen Zinnowitz, in Gestalt der dortigen, der „Himmelskönigin Maria" geweihten Kapelle. Die Entstehungszeit dieser Kapelle ist nicht bekannt, sie wird im Zusammenhang mit der Gründung des Klosters Krummin zu Beginn des 14. Jahrhunderts vermutet. Urkundlich erwähnt wird sie erst zu Ende des 15. Jahrhunderts, doch dürfte die Lage des Ortes an einem überregionalen Handelsweg ein früheres Bestehen wahrscheinlich machen. Auch hier geben die Chronisten des 16. Jahrhunderts eine Geschichte über einen offensichtlich mit dieser Kapelle in Zusammenhang stehenden Brauch der umwohnenden Landbevölkerung zum besten. Danach sollen zum Dreikönigstag südlich von Zisberg bei Neuendorf auf dem Gnitz drei Lichter aus dem Wasser gestiegen sein. Die Bauern wären des Nachts mit Kerzen und Lichtern umhergegangen und hätten den Heiligen Drei Königen geleuchtet. Dies sei erst durch den ersten evangelischen Herzog Philipp I. nach der Reformation verboten worden.

Über eine weitere Heiligenverehrung in Gestalt des so genannten Mechthildbildes in der Krumminer Kirche besitzen wir nur spärliche und zudem relativ unsichere Nachrichten, die es nicht erlauben, in diesem Fall von einer dritten Wallfahrtsstätte auf der Insel zu sprechen.

Staat und Gesellschaft im Spätmittelalter

Am 12. Juli 1295 kam es erneut zu einer Teilung des pommerschen Herzogtums zwischen den beiden Halbbrüdern Bogislaw IV. und Otto I. Es entstanden die Teilherrschaften Pommern-Wolgast entlang der Küste und Pommern-Stettin beiderseits der unteren Oder. Usedom und Wollin fielen als Küstengebiete an das Wolgaster Fürstentum, welches Bogislaw IV. erhielt. Im Verlauf des 14. und 15. Jahrhunderts wurde

Pommern-Wolgast noch mehrfach in kleinere Herrschaften aufgeteilt, wobei Usedom stets bei der namengebenden Hauptburg Wolgast blieb. Ein Kennzeichen all dieser Teilungen war, dass sie unter maßgeblicher Beteiligung des Adels und der Städte, also der sich allmählich formierenden Landstände, durchgeführt wurden.

Von den an blutigen Streitigkeiten, v.a. mit den Nachbarn Brandenburg, Mecklenburg, Polen und dem Deutschen Orden, aber auch mit den nordischen Reichen, nicht armen Jahrzehnten des 14. und 15. Jahrhunderts blieb die Insel nahezu unberührt. Die geographische Lage im Zentrum des Herzogtums machte sich hier einmal mehr bezahlt. Nur einmal, zu Beginn des 15. Jahrhunderts spielte die herzogliche Burg bei der Stadt Usedom eine gewisse Rolle in den innenpolitischen Auseinandersetzungen in Pommern-Wolgast. 1417 erschlug der Landmarschall Degener Buggenhagen als Angehöriger des Regentschaftsrates des unmündigen Herzogs Wartislaw IX. den Günstling der Witwe Herzog Wartislaws VIII., Kurt Bonow. Die Herzoginwitwe Agnes sann daraufhin auf Rache und ließ 1420 Buggenhagen durch den Adligen Henneke Behr ermorden. Aus Furcht vor der Rache der mit Buggenhagen verbundenen Städte Stralsund und Greifswald flüchteten Behr und seine Anhänger in die Burg Usedom. Während einige Chroniken berichten, dass er und einige seiner Anhänger bei der erneuten Flucht von der Burg ertrunken sein sollen, berichten andere davon, dass die Flucht geglückt sei. Erst nach der Erstürmung von Behrs Stammsitz Nustrow bei Bad Sülze an der pommersch-mecklenburgischen Grenze sei er gefangen genommen und später vor den Toren Stralsunds hingerichtet worden.

Diese unerhörten Ereignisse veranlassten Herzog Wartislaw IX., sich 1421 mit den Städten seines Landes, namentlich den vier größten, Stralsund, Greifswald, Anklam und Demmin, wegen der Errichtung von Gerichtshöfen zu verständigen. Diese sollten je zur Hälfte vom Adel und von Städten besetzt werden, viermal im Jahr zusammentreten und nach dem damals im Lande üblichen Schweriner Recht, einer regionalen

Abwandlung des im Sachsenspiegel festgehaltenen mittelalterlichen Rechts in Norddeutschland, richten. Wiederum scheint hier wie schon bei den Landesteilungen der starke Einfluss der Landstände bei der Gestaltung der Politik durch.

Über die lokalen Vorgänge auf der Insel Usedom jener Zeit sind wir in erster Linie durch die reichhaltige urkundliche Überlieferung des Klosters Pudagla einigermaßen informiert. Da die Urkunden in erster Linie der schriftlichen Fixierung von Rechtsakten wie der Bestätigung von Herrschafts- und Besitztiteln oder der Beilegung von Rechtsstreitigkeiten dienten, erscheint das so überlieferte Bild voll von Straftaten und Gesetzlosigkeiten aller Art zu sein. Aber der gewöhnliche Alltag, der sich für die Mehrzahl der Bewohner seit dem 13. Jahrhundert in den oben beschriebenen Bahnen abspielte, wird eben bis heute nicht aufgeschrieben, sondern muss mehr oder weniger mühsam zwischen den Zeilen herausgelesen werden.

Früher wurden das 14. und 15. Jahrhundert auch häufig und gern als Raubritterzeit verschrien, doch für das mittelalterliche Rechtsverständnis war die Anwendung von Gewalt etwas durchaus Normales. Erst durch die Einführung des römischen Rechts am Ende des Mittelalters wurde der Gewaltaustrag zwischen den Parteien mehr und mehr zurückgedrängt und das Gewaltmonopol des Staates bzw. des Gerichtsherren geschaffen. So sind die vielen langwierigen und nicht selten auch blutigen Fehden, die das Kloster Pudagla in jener Zeit insbesondere mit den umwohnenden adligen Familien wie den von Schwerin und von Neuenkirchen auszutragen hatte, ein für die damaligen Verhältnisse durchaus gängiges Verfahren des Rechtsstreites.

Bis zur Mitte des 14. Jahrhunderts werden fast alle mittelalterlichen Orte der Insel in den Urkunden genannt, sehr viele bereits vor 1300. Im zweiten Viertel des 14. Jahrhunderts dürfte der deutschrechtliche Landesausbau im wesentlichen beendet sein. Umstritten ist bis heute, welche konkreten Folgen die in allgemeinen Geschichtsdarstellungen immer wieder als Zäsur beschworene Pest in der Mitte des 14. Jahrhunderts für die jeweilige lokale Gesellschaft gehabt hat. Zwar gibt es

Usedom im Mittelalter

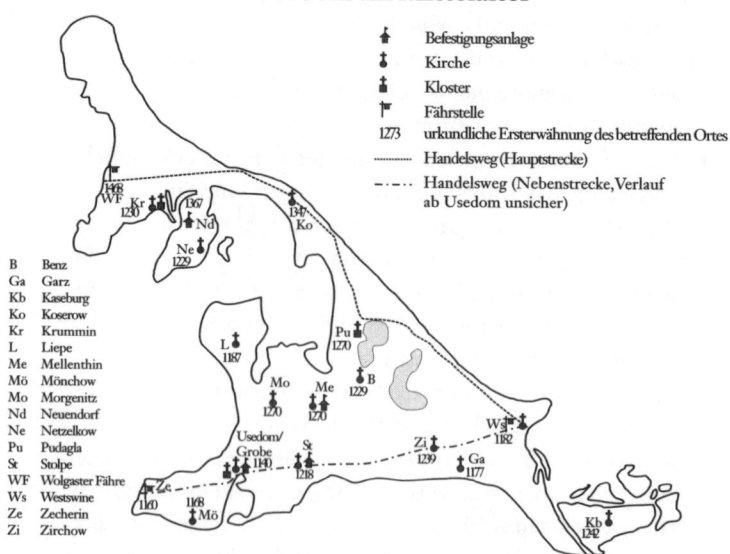

	♦	Befestigungsanlage
	♣	Kirche
	♣	Kloster
	⚑	Fährstelle
	1273	urkundliche Ersterwähnung des betreffenden Ortes
	....	Handelsweg (Hauptstrecke)
	–·–·–·	Handelsweg (Nebenstrecke, Verlauf ab Usedom unsicher)

B	Benz
Ga	Garz
Kb	Kaseburg
Ko	Koserow
Kr	Krummin
L	Liepe
Me	Mellenthin
Mö	Mönchow
Mo	Morgenitz
Nd	Neuendorf
Ne	Netzelkow
Pu	Pudagla
St	Stolpe
WF	Wolgaster Fähre
Ws	Westswine
Ze	Zecherin
Zi	Zirchow

Berichte, die auch von starken Bevölkerungsrückgängen in den großen Städten wie Stralsund schreiben, aber ob dies auf dem flachen Land ebenso war, ist ungewiss. Ein Indikator für den Bevölkerungsrückgang und eine damit in Zusammenhang stehende Agrarkrise könnten Wüstungen von Orten und Feldfluren sein. Aber solche ließen sich im Gegensatz etwa zum Festland bisher für Usedom für die Zeit des Spätmittelalters nur ganz vereinzelt nachweisen. Allerdings steckt die Usedomer Wüstungsforschung nach modernen interdisziplinären Maßstäben noch ganz in den Anfängen.

Eine wichtige Rolle spielte die Insel im überregionalen Handel und Verkehr. Nicht nur die Odermündungsarme liefen als viel befahrene Seewege an der Insel vorbei, sondern auch zwei Landstraßen überquerten Usedom von West nach Ost bzw. umgekehrt. Die heutigen Bundesstraßen 111 und 110 folgen, wenn auch mit manchen verkehrstechnisch bedingten Veränderungen, im Großen und Ganzen immer noch diesen alten Handelsstraßen. Über Brücken war die Insel jedoch nicht erreichbar, sondern es gab von Wolgast und Anklam aus kommend an den Übergangsstellen Fähren, mit denen übergesetzt wurde. An der Swine trafen beide Wege zusammen. Dort setzte man an der Mündung über auf die Nachbarinsel Wollin, von wo aus der Weg weiter durch Hinterpommmern nach Danzig verlief. Es handelte sich aber wohl nur um Nebenstrecken. Die Haupthandelsstraße von West nach Ost verlief am südlichen Haffufer und überquerte die Oder in Stettin. Dort war nicht nur ein wichtiger Warenumschlagplatz, sondern es gab bereits im Mittelalter eine feste Brückenverbindung, die die Flussquerung natürlich wesentlich einfacher gestaltete.

Die Anzahl der adligen Familien, die sich neben den Klöstern und den pommerschen Herzögen als Grundbesitzer und Herrschaftsträger etablierten, reduzierte sich während des 14. und 15. Jahrhunderts auf drei: die von Lepel auf dem Gnitz und im Lieper Winkel mit Krienke als Sitzgut, die von Schwerin mit Stolpe als Hauptsitzgut und als wohl bedeutendstes Geschlecht die von Neuenkirchen auf Mellenthin und Gothen. Die Sitzgüter dieser adligen Familien haben wir uns nicht als stark befestigte Burganlagen vorzustellen. Vielmehr waren es wohl nur einfache Häuser, die sich wahrscheinlich eher an die Bauformen der Bauernhäuser anlehnten. Dazu gehörten bereits im 14. und 15. Jahrhundert Wirtschaftshöfe. Ihre Funktion ist in erster Linie in der Versorgung des adligen Haushaltes zu sehen. Die vorhandenen Befestigungen dienten dem Schutz und der Verteidigung bei einem Angriff und waren relativ klein und einfach. Als häufigste Form kam die so genannte Motte vor. Das war ein kleiner Rundturm, der auf einem zumeist aufgeschütteten Erdhügel, französisch „la motte" = der Hügel, errichtet wurde. Solche Anlagen gab es in Mellenthin und in Neuendorf auf dem Gnitz, wahrscheinlich auch bei Stolpe.

Die Adligen lebten von ihren Einkünften, die ihnen als Grundbesitzer und Herrschaftsträger von der untertänigen Bevölkerung zuflossen, aber auch von den Erträgen ihrer eigenen landwirtschaftlichen Betriebe. Daneben waren sie als Vasallen der pommerschen Herzöge verpflichtet, diesen nicht nur im Kriegsfall militärischen Beistand zu gewähren, sondern auch in Friedenszeiten als Ratgeber zu dienen. In dieser Hinsicht taten sich besonders die von Neuenkirchen hervor. 1393 begleitete Rolef von Neuenkirchen seinen Herren, Herzog Wartislaw VIII. von Pommern-Wolgast, auf dessen Pilgerreise nach Jerusalem. Unterwegs soll er dem Herzog aus finanziellen Nöten geholfen haben. Dies sei, so die spätere, allerdings nicht völlig gesicherte Überlieferung, der Grund gewesen, dass die von Neuenkirchen 1426 das Gut Vorwerk, heute Wrangelsburg, als Lehen übertragen bekamen. Für das späte 14. und das 15. Jahrhundert sind Angehörige der Familie von Neuenkirchen mehrfach als Amtsträger der pommerschen Herzöge nachweisbar. 1394 wird Reimar von Neuenkirchen als Vogt von Wolgast genannt, 1421 und 1425 Johann bzw. Hans von Neuenkirchen als ebensolcher und 1434 sowie 1436 Hans von Neuenkirchen als Vogt von Usedom.

Über die Entwicklung der Stadt Usedom im 14. und 15. Jahrhundert kann wenig gesagt werden. Dies liegt in erster Linie an der Quellenungunst, die sich einmal aus der geringen Größe und der daraus resultierenden schwachen politischen und wirtschaftlichen Bedeutung der Stadt selbst ergibt, die aber zum anderen noch zusätzlich durch die bereits erwähnte Vernichtung der älteren schriftlichen Überlieferung im Jahre 1475 oder zu Beginn des Jahres 1476 erfolgten großen Stadtbrand verstärkt wurde. Die ältesten Stadtbücher als wichtige Quelle zur Erforschung der inneren Geschichte der Stadt Usedom setzen daher erst mit dem Jahr 1477 ein. Es handelt sich bei den frühesten Eintragungen in erster Linie um Grundstückstransaktionen, die dem Rat der Stadt angezeigt und von jenem rechtskräftig bestätigt wurden. Andere Eintragungen betreffen die Neuaufnahme von Bürgern, denn nicht jeder Einwohner und schon gar nicht jeder Zuziehende war automatisch Bürger. Er musste *„de Borgherschoppe"* gewinnen, was gewöhnlich durch die Bezahlung einer Gebühr erfolgte. Solche Neubürgeraufnahmen sind für die Stadt Usedom jedoch erst für das 16. Jahrhundert überliefert. Wir können aber mit großer Wahrscheinlichkeit annehmen, dass ähnliche Verzeichnisse bereits vor dem Stadtbrand existierten. Gleiches lässt sich auch von den ebenfalls erst aus dem 16. Jahrhundert überlieferten „Burspraken", einer Art Stadtordnung, vermuten. Aus den größeren Nachbarstädten, wo das mittelalterliche Schriftgut reichhaltiger überliefert ist, liegen solche Burspraken jedenfalls bereits für das 15. Jahrhundert vor.

Ein anderes Phänomen lässt zusätzlich auf den wirtschaftlichen Niedergang der Stadt im späten 15. Jahrhundert schließen. Beginnend etwa in der Mitte des 14. Jahrhunderts prägte man wie in vielen anderen Städten auch in Usedom eigene Münzen. Es handelte sich dabei um die so genannten Vinkenaugen, ein im Spätmittelalter weit verbreitetes Zahlungsmittel. Im 15. Jahrhundert wurde die Münzprägung dann wieder eingestellt.

Die wirtschaftliche Bedeutung der Stadt wird, wie auch in späteren Zeiten, hauptsächlich in ihrer Funktion als lokaler Markt für den Südteil der Insel zu sehen sein. Die Handwerker der Stadt werden im gleichen Rahmen ihre Beschäftigung gefunden haben. Allerdings dürfte der Konkurrenzdruck der nahen Nachbarstädte wie Anklam und Wolgast, aber auch des über das Haff schnell zu erreichenden Stettin, im Bereich des Handels nicht unerheblich gewesen sein.

DIE SPÄTE HERZOGSZEIT – ENDE DES 15. BIS MITTE DES 17. JAHRHUNDERTS

Ausbau des frühmodernen Staates

1478 übernahm der noch junge Herzog Bogislaw X. nach dem Tod seines Onkels Wartislaw X. die Alleinherrschaft im Herzogtum Pommern. Er regierte bis 1523 und war der bedeutendste der Greifenherzöge. Zu seiner Zeit an der Wende vom 15. zum 16. Jahrhundert wandelte sich auch das Herzogtum Pommern vom mittelalterlichen Personenverbandsstaat zum frühmodernen Territorialfürstentum mit einer fest institutionalisierten Verwaltung. Diesen Umbau trieb Bogislaw mit umfangreichen inneren Reformen selbst voran.

Kernstück der Reformen war die Einführung des römischen Rechts. Dieser Prozess lässt sich seit dem 15. Jahrhundert allerorten in Deutschland beobachten. Er begann auch in Pommern bereits vor dem Regierungsantritt Bogislaws X. Die Gründung der Universität in Greifswald 1456 war ein wichtiger vorbereitender Schritt dafür, denn jetzt konnten innerhalb des pommerschen Herzogtums römisch-rechtlich geschulte Juristen als Lehrkräfte herangezogen und zugleich durch diese juristische „Fachkräfte" für den Verwaltungsdienst ausgebildet werden. Die Erfolge, die Herzog Bogislaw X. wenige Jahrzehnte später in den Auseinandersetzungen mit Brandenburg um die lehnsrechtliche Stellung Pommerns zum Kurfürstentum hatte, sind zu nicht geringen Teilen auf die Tätigkeit der Rechtsgelehrten zurückzuführen.

Römisches Recht verlangte Schriftlichkeit, daher kam es seit dieser Zeit auch zu einem geradezu lawinenartigen Anwachsen der schriftlichen Überlieferung. Der Spruch „Quod non est in actis, non est in mundo (Was nicht in den Akten steht, gibt es nicht.)" ist Ausdruck dieses neuen Rechtsverständnisses. So wurden denn seitdem alle rechtserheblichen

Vorgänge und Geschäfte zunehmend schriftlich festgehalten.

Dazu gehörten einmal die Dienstverhältnisse der herzoglichen Beamten. Vertreter des Herzogs auf regionaler Ebene war seit der deutschrechtlichen Kolonisation der Vogt. Bis zur Regierungszeit Bogislaws X. sind keine Bestallungsurkunden für die Vögte überliefert. Daher können wir deren Aufgaben auch nur aus den von ihnen vollzogenen und urkundlich überlieferten Rechtsakten rekonstruieren. Dies sollte sich seit etwa 1480 ändern. Nun wurden schriftlich fixierte Verträge zwischen dem Herzog und dem Vogt, für den sich seit Beginn des 16. Jahrhunderts auch zunehmend die neue Bezeichnung Amtshauptmann einbürgerte, geschlossen. 1495 lässt sich für die Vogtei Usedom erstmals ein solcher Vertrag nachweisen, der zwischen Herzog Bogislaw X. und Johannes Scheven geschlossen wurde. Drei Jahre später, am 20. Dezember 1498, übergab Herzog Bogislaw X. seinem langjährigen treuen Rat und Kanzler Jürgen von Kleist Schloss, Stadt und Ländchen Usedom zu Schlossglauben auf gegenseitige Kündigung. Die Kündigung sollte jeweils zu Michaelis (29. September) erfolgen und der Abzug des Vogtes zum darauf folgenden Osterfest. Als wichtigste Aufgaben werden der militärische Schutz von Burg und Vogtei sowie die Wahrnehmung des herzoglichen Gerichtes (*„dat heidt inn waringe unnd gerichte holden schall"* = dass er es beschützen und Gericht halten soll) genannt. Dafür bekam der Vogt die Hälfte der zum Schloss und zur Vogtei gehörenden Einkünfte an Geld und Naturalien, die im einzelnen ganz genau aufgeführt werden. Von den weiteren herzoglichen Bediensteten sollte der Vogt nur die unmittelbar auf der Burg Beschäftigten versorgen und entlohnen. Alle anderen, insbesondere den für die Erhebung der Abgaben und Verwaltung der Finanzen zuständigen Rentmeister und den mit der Aufsicht über die Fischerei betrauten Kieper, bezahlte der Herzog weiterhin selbst aus seiner Kammer. Bei dieser Form der Bestallung der herzoglichen Vögte bzw. Amtshauptleute sollte es im Prinzip bis zum Ende der Herzogszeit bleiben. Die Inhaber kamen in der Regel aus dem pommerschen Adel. Christoph von Neuenkirchen war letzter herzoglicher Amtshauptmann auf Usedom, zugleich zeitweise Schlosshauptmann auf Wolgast und zudem der letzte dieses bedeutendsten mittelalterlichen Adelsgeschlechtes auf der Insel, welches mit ihm 1641 ausstarb. Seit der Reformation verwalteten die Usedomer Amtshauptleute auch die Besitzungen des aufgehobenen Klosters Pudagla in Personalunion. Erstmals ist eine solche Verbindung seit 1549 nachzuweisen, als der seit 1542 die Pudaglaer Besitzungen verwaltende Andreas Bulgrin auch das Amt Usedom übertragen bekam. Die Besitzungen des Klosters Krummin und des Klosters Dargun, die so genannte Hofmeisterei Kaseburg, wurden nach der Säkularisation dem Amt Wolgast unterstellt. Die mittelalterliche Zweiteilung der Insel blieb auf der Ebene der landesherrlichen Verwaltung bestehen. Erst unter dem letzten Amtshauptmann von Pudagla erfolgte von ca. 1610 bis 1630 eine zeitweilige Vereinigung. Sie vollzog sich allerdings nur in Form einer Personalunion des Amtshauptmanns. Wirklich zusammengelegt wurden die landesherrlichen Besitzungen auf Usedom erst im 18. Jahrhundert.

Ein weiterer Bereich, in dem das römische Recht verstärkt zur Anwendung kam, war das Lehnsrecht, nach dem der Adel über seinen Grundbesitz verfügte. Seit der Wende vom 15. zum 16. Jahrhundert wurde das Lehnsrecht schärfer gehandhabt. Sowohl beim Regierungswechsel eines Herzogs als beim Tod des Vasallen musste um die Bestätigung des Lehens, verbunden mit der Huldigung, nachgesucht werden. In der herzoglichen Kanzlei wurden dafür extra Verzeichnisse, die so genannten Lehnsregistraturen, geführt. Aus diesen lassen sich noch heute sehr gut die Familien- und Besitzverhältnisse des pommerschen Adels seit dem frühen 16. Jahrhundert ablesen. Verschärft wurden vor allem die Nachfolgeregelungen beim Aussterben einer Familie. Die Ansprüche vermeintlicher Erben prüften die herzoglichen Räte genau, und wenn sie den lehnsrechtlichen Satzungen nicht entsprachen, wurde der Besitz als erledigtes Lehen eingezogen. Es konnte dann entweder als eröffnetes Lehen neu vergeben, zum Beispiel an treue Beamte, oder aber den herzoglichen Kammergütern zugeschlagen werden. 1524 oder kurz danach starb Bruning Lepel auf Krienke, ohne Lehnserben zu hinterlassen. Die anderen Linien der von Lepel, insbesondere die auf dem Gnitz, konnten sich mit ihren Ansprüchen auf die Nachfolge bei den Herzögen Georg I. und Barnim IX. nicht durchsetzen und verloren den Besitz für die Familie. 1527 stellten die Herzöge ihrem Amtshauptmann von Treptow (Altentreptow), Jürgen von Borcke, einen Lehnsbrief über *„Bruning Lepels seligen nagelatene gudere"* aus. Hauptsitzgut blieb weiterhin Krienke. Damit hatte sich neben den Lepel, Neuenkirchen und Schwerin eine vierte adlige Familie auf der Insel ansässig gemacht. Die von Borcke zählten zu den bedeutendsten hinterpommerschen Adelsgeschlechtern. In Auseinandersetzungen mit den pommerschen Herzögen im 16. Jahrhundert behaupteten sie sogar, aus einer herzoglichen Nebenlinie zu entstammen, und beanspruchten daher Sonderrechte für sich. Mit den Lepelschen Gütern auf Usedom gelang ihnen sozusagen der Sprung nach Vorpommern. Den Usedomer Besitz hielten sie, ähnlich wie die von Lepel den Gnitz, bis zur Enteignung durch die Bodenreform 1945.

Auf eine neue Stufe wurde auch die Steuererhebung seit dem Regierungsantritt Bogislaws X. gehoben. Im Mittelalter gab es in Pommern eigentlich nur die Bede als eine ursprünglich lediglich im Bedarfsfall zu erhebende Kriegssteuer. Sie war im Laufe der Zeit jedoch mehr und mehr zu einer festen Abgabe geworden, die zudem nicht selten von den Landesherren in die Hände der Grundherren gelangt war. Unter Bogislaw X. wurden seit 1479 schrittweise neue allgemeine Abgaben eingeführt, die nach der Art der Erhebung oder nach dem Verwendungszweck Landschoß (= Landschatz, von Schatzung = Besteuerung), Fräulein- bzw. Küchensteuer (zur Verheiratung von Prinzessinnen), gemeiner Pfennig (Reichssteuer zur Finanzierung des Reichskammergerichts) oder Türkensteuer (Reichssteuer zur Abwehr der osmanischen Invasionen) benannt wurden. Sie wurden also weiterhin zweckgebunden eingefordert und waren von der Zustimmung der Landstände abhängig. Die Beratung der Steuererhebung wurde somit

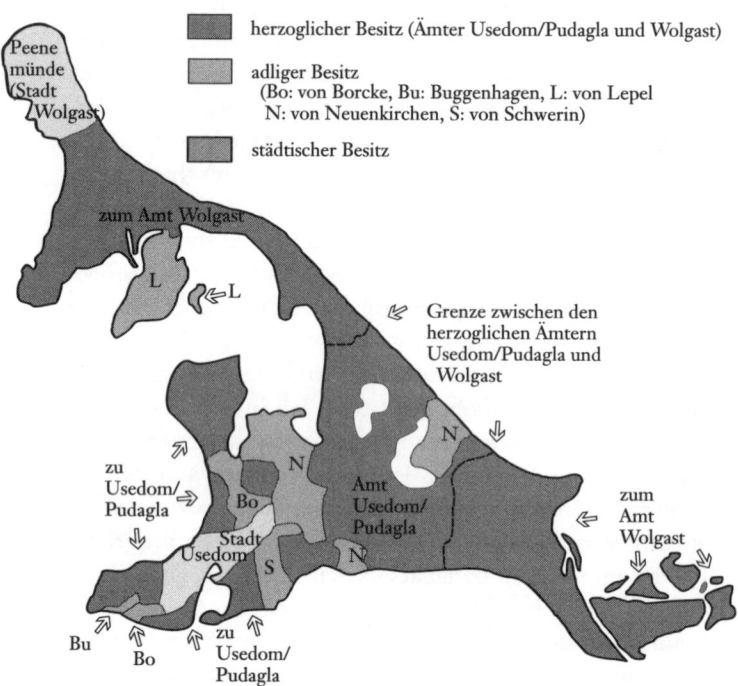

Grundbesitzverhältnisse um 1600

- herzoglicher Besitz (Ämter Usedom/Pudagla und Wolgast)
- adliger Besitz
  (Bo: von Borcke, Bu: Buggenhagen, L: von Lepel
  N: von Neuenkirchen, S: von Schwerin)
- städtischer Besitz

Peene
münde
(Stadt
Wolgast)

zum Amt Wolgast

L

L

Grenze zwischen den
herzoglichen Ämtern
Usedom/Pudagla und
Wolgast

N

zu
Usedom/
Pudagla

N

Bo

Amt
Usedom/
Pudagla

zum
Amt
Wolgast

Stadt
Usedom

S

N

Bu

Bo

zu
Usedom/
Pudagla

seit dem ausgehenden 15. Jahrhundert zur wesentlichen Trieb-
kraft bei der Intensivierung der Tätigkeit der Landstände
(Geistlichkeit, Ritterschaft und Städte) und führte zu einer
regelmäßigeren Einberufung von Landtagen durch die Herzöge. Man erhob die Steuern entweder vom Grundbesitz, wo-
zu dessen Einteilung in Hufen als Berechnungsgröße diente
– in den Städten wurde entsprechend nach Häusern, Buden
und Kellern bzw. ganzen, halben und viertel Erben berechnet
–, als Kopfsteuer von allen über 25 Jahre alten Personen oder
als Vermögenssteuer. Die überlieferten Steuerregister stellen
somit eine Art prästatistische Quellengattung dar, durch die
Aussagen zur Verteilung des Grundbesitzes, die Anzahl und
Verteilung der Bevölkerung und die soziale Schichtung der
Bevölkerung wesentlich genauer und umfassender getroffen

werden können als für frühere Zeiträume. Ein erstes umfassendes Register ist für Pommern für die Erhebung des gemeinen Pfennigs der Jahre 1495 – 98 erhalten. Es handelte sich dabei um eine kombinierte Vermögens- und Kopfsteuer. Leider ist für Usedom nur eine Gesamtangabe über „*Usedom, dat stedeken* (Städtlein) *und dorpe* (Dörfer) *darto belegen … van ludenn* (Leuten = Kopfsteuer) *unnd gudernn* (Gütern = Vermögenssteuer)" in Höhe von jährlich 31 Gulden überliefert. Es ist also weder genau getrennt worden, wieviel davon Kopf- respektive Vermögenssteuer sind, noch ist eindeutig definiert, wie groß der damit bezeichnete Hebebezirk eigentlich war, also welchen Teil der Insel er umfasste. Dazu können erst die überlieferten Verzeichnisse der späteren Zeit herangezogen werden. Ein auf die Jahre 1581/1624 datiertes Hufenregister des Herzogtums Pommern-Wolgast gibt uns einigen Aufschluss über die Verteilung der steuerpflichtigen Ländereien auf der Insel und nennt zudem in Anlehnung an die damalige administrative Einteilung die Hebebezirke. Der nordwestliche Teil der Insel bis einschließlich Ückeritz gehörte zum herzoglichen Amt Wolgast und wurde „*über der Wolgaster Fähre*" bezeichnet. Zu ihm gehörten auch die Ländereien des ehemaligen Klosters Krummin. Gesondert wurden die Besitzungen der von Lepel mit der Bezeichnung „*aufm Gnitz*" gezählt. Es folgte die Kaseburgsche Vogtei, der ehemals zum Kloster Dargun gehörende Besitz im Osten der Insel, der jetzt auch zum Amt Wolgast gehörte und die Orte Kaseburg, Swine, Faulensee und Woitzig umfasste. Den weitaus größten Teil der Insel machten die Besitzungen der Ämter Usedom und Pudagla aus. Zu ihnen waren auch die ebenfalls früher zum Kloster Dargun gehörenden Dörfer Garz und Kamminke gelegt worden. Unterbrochen wurde dieser den gesamten zentralen und südlichen Teil umfassende landesherrliche Besitzkomplex von den Besitzungen der adligen Familien von Neuenkirchen, von Borcke, von Schwerin und von Buggenhagen.

Nur auf den Hufenbestand bezogen, zeigte sich hier ein eindeutiges Übergewicht des herzoglichen Besitzes gegenüber den adligen Gütern. 577 $^1/_2$ steuerpflichtige Hakenhufen des alten herzoglichen Besitzes und der säkularisierten Klöster standen 181 Hakenhufen des Adels gegenüber. Diese Besitzverteilung, die sich auch in den folgenden Jahrhunderten trotz mancher zeitweiligen Veräußerung von Teilen des landesherrlichen Besitzes kaum veränderte, hatte dann auch Auswirkungen auf die weitere wirtschaftliche und soziale Entwicklung.

Reformation und Aufbau des protestantischen Kirchenwesens

Ein tiefer Einschnitt vollzog sich in der ersten Hälfte des 16. Jahrhunderts bei den kirchlichen Verhältnissen. Bereits seit der zweiten Hälfte des 15. Jahrhunderts machten sich Bestrebungen in der Politik der pommerschen Herzöge bemerkbar, die auf eine stärkere Kontrolle und Einflussnahme auf die kirchlichen Einrichtungen zielten. Hauptziel war die vollständige Unterwerfung des Bischofs von Kammin unter die landesfürstliche Obrigkeit, aber auch die Beziehungen zu den Feldklöstern wurden reformiert. Abgelöst wurde zum Beispiel durch Herzog Bogislaw X. das überkommene Recht des so genannten Einlagers (kostenlose Einquartierung) der Herzöge in den Klöstern durch die regelmäßige Zahlung einer entsprechenden Geldsumme. Bereits seit den zwanziger Jahren des 16. Jahrhunderts erfolgte in verschiedenen Klöstern des Herzogtums eine Inventarisierung und teilweise Beschlagnahme der Klosterschätze. Herzog Philipp I., zu dessen Herrschaftsbereich Pommern-Wolgast die Insel Usedom nach der 1532 erfolgten erneuten Landesteilung gekommen war, hatte bereits am 6. April 1533 ein solches Verzeichnis der Pudaglaer Klosterkleinodien durch seine Beamten anfertigen lassen.

Am 13. Dezember 1534 beschloss ein von den Herzögen einberufener Landtag in Treptow an der Rega in Hinterpommern die Einführung der Reformation im Herzogtum Pommern.

Erste Konsequenz dieses Beschlusses war eine bereits im folgenden Jahr beginnende Visitation, d.h. eine genaue Überprüfung der inneren Zustände der Kirchen und Klöster durch herzogliche Beamte. Der letzte Abt von Pudagla, Gerhard Zarte, schloss am 30. September 1535 einen Vertrag mit den Herzögen Philipp I. und Barnim IX., in dem er die Verwaltung des Klosters in die Hände von herzoglichen Beamten übergab. Selbst erhielt der Abt ein Haus in Anklam, das er zeit seines Lebens bewohnen durfte. Eine Visitation der Kirchen auf Usedom fand dagegen erst 1537 statt. Die Verwaltung der Klostergüter durch den Usedomer Amtshauptmann Johann Wackenitz wurde darin bestätigt.

Bei der Stadt Usedom ergab die Visitation, dass die geistlichen Stiftungen vom Rat eingezogen worden waren, und auch der Adel hatte bei den seinem Patronat unterstehenden Kirchen bereits in die inneren Verhältnisse eingegriffen. Von Stolpe wird berichtet, dass die von Schwerin Kirchenacker an sich genommen hätten, in Mellenthin hatten die von Neuenkirchen die Pfarre ganz eingehen lassen. Am längsten zog sich die Umgestaltung bei den Jungfrauenklöstern hin. Hier leistete insbesondere der Adel, der sie als Versorgungsanstalt für seine unverheirateten Töchter ansah, besonderen Widerstand. So erfolgte die Aufhebung des Jungfrauenklosters Krummin erst 1563. Die Besitzungen auf dem Festland sollten der Universität Greifswald zufallen, die auf der Insel kamen an das Amt Wolgast. Die letzten achte Klosterinsassinnen, den Namen nach alles Angehörige des umwohnenden Adels, erhielten ein lebenslanges Bleiberecht. Von dem zum Kloster gehörenden Gutshof in Krummin wurde am 19. April 1563 durch die herzoglichen Beamten ein genaues Verzeichnis angefertigt.

Als regionale Kirchenbezirke traten nach der Reformation anstelle der Archidiakonate die Synoden mit einem Superintendenten bzw. Präpositus an der Spitze. Sie waren während der Reformation aus den Versammlungen der Pfarrer eines Bezirks entstanden. Ursprünglich sollten sie entweder an die alten Archidiakonate oder aber an die landesherrlichen Vogteien und Ämter angepasst werden, doch geschah dies nicht immer. Auf Usedom blieb auch hier die alte Zweiteilung der Insel bestehen. Die Kirchspiele Krummin, Koserow und Netzelkow, also der Nordwesten, das alte Land Bukow, gehörten von ca. 1570 bis 1720 zur Synode Wolgast, ebenso Swine und Kaseburg im Osten. Der restliche, größere Teil der Insel bildete die Synode Usedom, welcher der jeweils erste der beiden Usedomer Stadtpfarrer als Präpositus vorstand.

Kirchliche Neubauten erfolgten im Zuge der Reformation nicht. Da es ein ausgebautes und flächendeckendes System von Kirchgemeinden gab, wurden die vorhandenen Kirchengebäude der neuen Lehre angepasst. Allerdings konnte der Grad der Veränderung durchaus variieren. Er hing jeweils vom Engagement des Pfarrers, des Patrons und der Gemeinde ab.

Die inneren Verhältnisse der Kirchengemeinden wurden durch die erwähnten Kirchenvisitationen geregelt. Sie fanden seit der Mitte des 16. Jahrhunderts in unregelmäßigen Abständen statt. Rechte und Pflichten der Gemeinde wurden dabei ebenso untersucht wie die Einkommens- und Besitzverhältnisse des Pfarrers und der Kirche. Angestrebtes Ziel der Visitationen war die Anfertigung einer Kirchenmatrikel, in der alle Bestimmungen rechtsverbindlich festgelegt wurden.

Wirtschaftliche Entwicklung

In der zweiten Hälfte des 16. Jahrhunderts setzte auf dem Lande eine Entwicklung ein, welche die wirtschaftlichen und sozialen Verhältnisse der folgenden Jahrhundert entscheidend prägen sollte, die Herausbildung der Gutswirtschaft. Steigende Agrarpreise, insbesondere für Getreide, führten im 16. Jahrhundert zum Bedürfnis der Grundherren nach einer Steigerung der landwirtschaftlichen Produktion auf ihren eigenen Gütern, um damit am gewinnbringenden Getreidehandel teilnehmen zu können. Grundsätzlich hätte auch die Möglichkeit bestanden, die Abgaben der bäuerlichen Hintersassen zu erhöhen, insbesondere in Form von Getreide und anderen landwirtschaftlichen Produkten. Dies geschah aber aus verschiedenen rechtlichen und sozialen Gründen nur in bescheidenem Umfang. Einfacher und in den Augen der Grundherren wohl auch erfolgversprechender schien die Ausweitung der eigenen Landwirtschaft zu sein. Hinzu kam, dass seit der Mitte des 16. Jahrhunderts neue Formen der Viehzucht wie Schäfereien und Meiereien (Milchwirtschaften) entstanden, die sich nur schlecht mit der bäuerlichen Wirtschaftsweise in Einklang bringen ließen. So können wir denn seit der Mitte des 16. Jahrhunderts die Erweiterung bestehender oder die Anlegung neuer Gutsbetriebe beobachten. Auf Grund der Quellenlage sind wir darüber am besten im Bereich des landesherrlichen Grundbesitzes informiert. Wie bereits weiter oben beschrieben, gab es bereits im Mittelalter, wahrscheinlich seit der deutschrechtlichen Kolonisation, grundherrliche Eigenwirtschaften. 1488 werden für den zur damaligen Vogtei Wolgast gehörenden Nordwesten der Insel solche in Mölschow und Loddin erwähnt, 1483 wird ein zum Usedomer Schloss gehörendes Vorwerk genannt, sicher der spätere so genannte Bauhof. Für die teilweise Unbeständigkeit dieser Eigenwirtschaften spricht, dass für Loddin seit der Mitte des 16. Jahrhunderts kein Vorwerk mehr nachweisbar ist und dass der Bauhof vor Usedom 1541 an die Usedomer Bürger parzellenweise in Pacht ausgegeben worden war.

Dies änderte sich durchgreifend ab ca. 1560, als die herzoglichen Räte und Beamten begannen, die Verwaltung des Grundbesitzes stärker zu kontrollieren. Es fanden nun in Abständen Visitationen der Ämter statt, bei denen auch regelmäßig Vorschläge zur Erweiterung oder Neuanlegung von Gutsbetrieben gemacht wurden. 1569 gab es im Inselteil des Amtes Wolgast Vorwerke in Mölschow und Krummin, ebenso 1602 und 1625. Im Amt Usedom/Pudagla waren 1569 nur der Bauhof vor Usedom wieder in Eigenwirtschaft genommen worden sowie der alte Klosterhof in Pudagla in Betrieb. 1602 waren Vorwerke in Mönchow und Kutzow hinzugekommen, und um 1620 wurde ein neues Vorwerk in Labömitz eingerichtet. Den Verlust an Bauernstellen versuchte man dabei möglichst gering zu halten, indem man in erster Linie wüste oder unbewohnte Höfe zu den Vorwerken legte. War das Aufkündigen eines Bauern unumgänglich, wurde ihm nach Möglichkeit eine Ersatzstelle in einem anderen Dorf des Amtes zugewiesen. Es kam auch, insbesondere seit dem frühen 17. Jahrhundert vor, dass man den Bauern nur einen Teil des Landes fortnahm, so dass sie als Halbbauern oder Kossaten weiter im Ort blieben.

Weitaus spärlicher sind die Nachrichten über diesbezügliche Vorgänge beim Adel. Zweifellos hatten hier die bereits aus dem Mittelalter stammenden Wohnhöfe eine größere Beständigkeit, jedenfalls so lange, wie sie der Versorgung eines adligen Haushaltes zu dienen hatten. Und dies war ja eigentlich immer gegeben. Einigen Aufschluss über die Veränderungen bei den Besitz- und Bewirtschaftungsverhältnissen können die Unterlagen der durchgeführten Kirchenvisitationen geben. So hatten die von Schwerin 1571 in Stolpe acht eigene Hufen, die zwölf Bauern dagegen 17 1/2 Hufen. Bis 1628 waren dann 25 Hufen in die Eigenbewirtschaftung des adligen Gutes übergegangen. Die von Neuenkirchen hatten 1575 in Mellenthin neuneinhalb eigene Hufen, die Bauern im Ort 15 1/2. Bis zur Mitte des 17. Jahrhunderts waren sie vollständig aus dem Ort verschwunden.

Dieser skizzierte Ausbau der grundherrlichen Eigenwirtschaften führte dann parallel zu einer Erhöhung der Arbeitsrenten, sprich Frondienste, der Untertanen, um die erweiterten Ackerflächen der Gutsbetriebe bewirtschaften zu können. Soweit es sich aus den Quellen erschließen lässt, war vor dem Dreißigjährigen Krieg überwiegend ein so genanntes Kavelsystem in Anwendung, d.h. jede Bauernwirtschaft erhielt je nach ihrer Größe und Ausstattung eine bestimmte Fläche (Kavel) des Gutsackers zur Bewirtschaftung übergeben. Daneben wurde auch die Anspannung der bäuerlichen Betriebe benutzt, um über die Verpflichtung zu Fuhrdiensten den Abtransport des Getreides in die Handelsstädte zu gewährleisten. Zu Beginn des 16. Jahrhunderts lag die Belastung von bäuerlichen

Betrieben mit Frondiensten häufig noch bei wenigen Tagen im Jahr, die sich auch meist auf die jahreszeitlich bedingten Arbeitsspitzen (Frühjahrsbestellung, Ernte, Saatbettbereitung für Wintergetreide im Spätsommer/Herbst) konzentrierte. Allerdings berichten schon die zeitgenössischen Chronisten für die Zeit um 1540: *„Der Pauren Wesend (= Eigenschaften, Charakter) ist nicht durchaus gleich."* Die einen seien bereits mit Frondiensten überhäuft und hätten auch kein Erbe an ihren Höfen, also nur das oben beschriebene lassitische Besitzrecht. Diese würden häufig verarmen und von den Höfen entlaufen. Dagegen gab es aber auch viele andere, die nur wenige Abgaben und Dienste leisten mussten. Jene seien durchaus wohlhabend und hätten auch ein Erbrecht an den Höfen, also das Erbzins- bzw. Erbpachtrecht.

Diese unterschiedliche Entwicklung verschärfte sich noch im Laufe des 16. und frühen 17. Jahrhunderts. Etwas vereinfacht formuliert kann man sagen, dass es den Bauern in den herzoglichen Ämtern meist besser ging als denen, die unter dem Adel saßen. Aber auch beim Adel gab es große Unterschiede, so dass vor allzu großen Pauschalisierungen gewarnt werden muss.

Vorwiegend aus Gründen der Arbeitskräftesicherung verschärften sich auf Betreiben des grundbesitzenden Adels auch die personenrechtlichen Bedingungen der untertänigen Landbevölkerung. „Freie Leute" im heutigen Sinne war auch die überwiegende Masse der mittelalterlichen Landbevölkerung nicht. Grundherrschaft bedeutete ja immer Herrschaft über Land und Leute. Seit dem 16. Jahrhundert kam es jedoch in den Gebieten Deutschlands, in denen sich die Gutswirtschaft herausbildete, zu einer Verschärfung der persönlichen Abhängigkeitsverhältnisse. Traditionell durften die meisten Bauern und anderen untertänigen Dorfbewohner nicht ohne Genehmigung des Grundherren den Hof und die Grundherrschaft verlassen. Kinder der Bauern hatten sich, wenn sie das arbeitsfähige Alter erreichten, zunächst dem Grundherren als Arbeitskraft anzubieten, entweder als Gesinde auf dem Gutsbetrieb oder als Bewerber für eine freie Bauernwirtschaft. Man nannte dies zumeist „Bauerspflicht". Erst wenn der Grundherr jemanden aus der Bauerspflicht entlassen hatte, durfte dieser als Freier fortziehen oder sich unter eine andere Grundherrschaft begeben. Seit der Mitte des 16. Jahrhunderts begann man unter Zuhilfenahme römisch-rechtlicher Vorstellungen, diese Bauerspflicht in eine Form von persönlicher Abhängigkeit umzudeuten, die der Leibeigenschaft nahe kam. Ihren landesrechtlich sanktionierten Abschluss fand diese Entwicklung in der Bauernordnung von 1616, die allerdings nur für das Teilherzogtum Pommern-Stettin, also nicht für Vorpommern und somit auch nicht für Usedom erlassen wurde. Doch geben zeitgenössische Quellen aus Vorpommern zu erkennen, dass sich die tatsächlichen Verhältnisse dort von jenen in Hinterpommern bestenfalls nur marginal unterschieden. So schreibt denn der Rostocker Professor Eilhardt Lübben (Lubin) in der Landesbeschreibung zu seiner großen Karte vom Herzogtum Pommern 1617: *„Die Bauern sind nicht Erbpächter, sondern leibeigen; sie haben kein Eigentumsrecht an ihren Aeckern; wenn sie sich nicht um Geld loskaufen, sind sie nicht imstande, sich nach eigenem Gutdünken anderswohin zu begeben. Ihren Herren leisten sie die auferlegten Dienste, und die Herren können sie, wenn es ihnen beliebt, aus den Gütern verweisen oder auch anderen ausliefern."*

Der Ausbau der Gutswirtschaft nutzte also vor allem den Grundherren, aber der damit zusammenhängende Getreidehandel ins Ausland brachte auch den Kaufleuten in den Städten hohe Gewinne. Jedoch es waren nur wenige Städte, die sich bereits im Mittelalter eine exponierte Stellung erworben hatten, welche jetzt vom Getreidehandel profitierten. Die kleineren Städte wie etwa Usedom bekamen von diesem Geschäft wenig ab. So beklagte sich die Stadt Usedom 1539 bei Herzog Philipp I. bei Gelegenheit der bevorstehenden Huldigung über die Praktiken der großen Städte. Diese würden auf der ganzen Insel sehr zum Schaden der Usedomer Kaufleute das Getreide aufkaufen. Die kleine Inselstadt dagegen blieb, was sie bisher war, eine „Plattform des regionalen Austauschs", wie die kleineren vorpommerschen Städte hinsichtlich ihrer wirtschaftlichen Funktion vor kurzem einmal charakterisiert worden sind. Um auch unter Umgehung der vorgeschriebenen Marktstädte am gewinnbringenden Getreidehandel teilzunehmen, blühte seit der Mitte des 16. Jahrhundert vor allem auf dem Stettiner Haff eine von den vorpommerschen Hansestädten immer wieder bekämpfte bäuerliche und adlige Schifffahrt. Sie wurde natürlich durch das Vorhandensein zahlreicher kleinerer Wasserfahrzeuge, die auch seichtere Gewässer befahren konnten, sowie die Möglichkeit zur Anlegung von so genannten Klipphäfen begünstigt.

Der Streit zwischen den Getreidehandelsstädten einerseits und den Getreideproduzenten um den gewinnbringenden Handel auf Haff und Bodden wurde zu einem Dauerthema bei den Auseinandersetzungen zwischen Städten und Adel im Herzogtum Pommern.

Neben der Landwirtschaft bildete die Fischerei den zweiten wichtigen Wirtschaftszweig auf der Insel. Viele der Ortschaften an der Haffküste und am Achterwasser waren entweder reine Fischerdörfer oder erwarben einen Großteil ihres Lebensunterhalts durch die Fischerei. Das Stettiner Haff, damals Frisches Haff genannt, und das Achterwasser, damals noch nach der Stadt Lassan als Lassansches Wasser bezeichnet, als Nebengewässer schätzten die Zeitgenossen wegen ihres außerordentlichen Fischreichtums. Die Chronisten des 16. und frühen 17. Jahrhunderts werden daher auch nicht müde, diesen durch Aufzählung der vorkommenden Fischarten oder durch Anekdoten zu belegen. In den Ratschlägen des Wolgaster Kanzlers Henning von Ramin zur Verbesserung der Hofhaltung wird das Haff in Anspielung auf die Bedeutung des Bergbaus für den Reichtum anderer Fürstentümer, etwa Sachsen, als *„das Pom(m)erische Bergwerck"* tituliert.

Die aus der Fischerei erwachsenden Einnahmen waren deshalb sehr beträchtlich und führten bereits im Mittelalter zu zahlreichen Streitigkeiten über die Nutzungsrechte, wie die Urkundenüberlieferung des Klosters Pudagla und andere Quellen belegen. Dies setzte sich im 16. Jahrhundert fort. Aber es machte sich nun auch in diesem Bereich der oben skizzierte Einfluss des römischen Rechts und die damit einhergehende

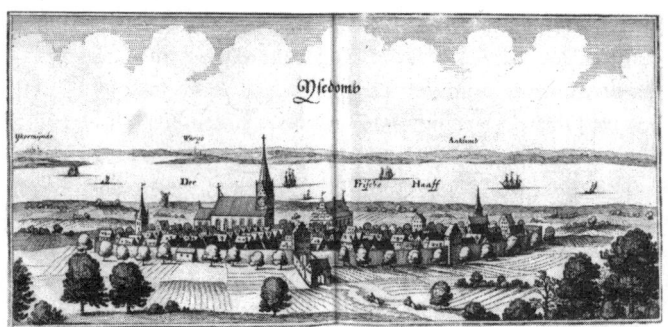

Die Stadt Usedom in der Mitte des 17. Jahrhunderts. Kupferstich aus M. Merians Topographie von Brandenburg und Pommern. Repro: Landeshauptarchiv Sachsen-Anhalt.

Formierung des frühneuzeitlichen Staates bemerkbar. Das Haff und seine Nebengewässer waren seitens der landesherrlichen Fischereiaufsicht in mehrere Bezirke aufgeteilt, die Kiepereien genannt wurden. Seit der Zeit Herzog Bogislaws X. setzte sich auch hier die Abfassung von schriftlichen Bestallungsurkunden für die als Kieper bezeichneten Amtspersonen durch. Daneben wurden, beginnend mit der Haffordnung Bogislaws X. von 1495, Regelwerke erlassen, die das Fischereiwesen insgesamt in geordnetere Bahnen bringen sollten. Von den gefangenen Fischen standen den Herzögen von den ihnen untertänigen Fischern bestimmte Arten wie Lachs, Stör, Karpfen oder Wels als so genannter *„Herrenfisch"* zu, von den übrigen Fängen erhielten sie je nach den lokalen Gewohnheitsrechten den sechsten bzw. dritten Teil.

Ein speziell für die Fischerei auf Bodden und Haff entwickelter Bootstyp war der Zeeskahn, der seine Bezeichnung nach dem Netz, der Zeese, erhalten hatte. Er wird bereits von dem mehrfach zitierten Eilhard Lübben in seiner Landesbeschreibung Pommerns erwähnt. Er schrieb zu den Fangpraktiken zu Beginn des 17. Jahrhunderts: *„Insonderheit aber gehet der große stehende See, so man das frische Haff nennet, überflüßig voll von allerley fischen. Des Sommers lauffen über 100 Zeese[See-se]-Kahne darauff, sindt kleine Schiffe, welche hinterher ein groß*

Netz, Zese genandt, führen; des Winters aber, wenn das Haff mit Eiße beleget, haben die darum gesessen grosse Garne oder Netze, die werden unterm Eyse mit langen Stangen und Stricken forth gebracht. " Zum Transport des Lebendfisches benutzte man Boote, die in der Mitte eine Öffnung im Boden hatten, in die man Kästen mit Fisch einsetzen konnte. Diese wurden nasse oder auf gut Platt „Natte Kahne" genannt. Eine andere Bezeichnung war Quatze und die der Bootsführer Quatzner. Davon leitet sich der noch heute gebräuchliche Ausdruck „quatschnass" ab.

Kultur der Renaissance

Weiter oben ist bemerkt worden, dass die Reformation keine neue Welle des Kirchenbaus einleitete, sondern die bisherigen Gebäude weiter genutzt wurden. Umbauten an den kirchlichen Gebäuden ergaben sich in erster Linie aus der notwendigen Anpassung an die neue Lehre. Zum Sinnbild der neuen Lehre wurde die Predigtkanzel, denn die Verkündigung des in der Bibel niedergeschriebenen Wortes Gottes steht im Mittelpunkt des evangelischen Gottesdienstes.

Ebenso wurden Altäre verändert und ergänzt, wobei im Gegensatz zu früheren Gewohnheiten nicht mehr Heilige, sondern ausschließlich biblische Szenarien dargestellt wurden. Die mittelalterlichen Wand- und Deckenmalereien wurden in der Regel übertüncht, da sie dem neuen Glaubensverständnis nicht mehr entsprachen.

Außerdem kam ein neues Repräsentationsbedürfnis der Eingepfarrten hinzu, insbesondere wenn sie dem Adel angehörten und zudem noch Patron der Kirche waren. Dies war bei den Kirchen der Insel aber nur in Mellenthin, Netzelkow, Stolpe und teilweise bei Morgenitz der Fall. Bei all den genannten Kirchen haben spätere Umbauten kaum etwas von der Ausstattung des 16. Jahrhunderts übrig gelassen. Daher kann an

Grabplatte des Jacob Küssow, Amtshauptmann von Pudagla (gest.
1586) in der Kirche von Benz.
Foto: Thomas Helms

dieser Stelle zunächst kaum gesagt werden, ob und ab wann sich zum Beispiel in diesen Kirchen Patronatsgestühle aus dieser Zeit befanden. Anzunehmen ist es jedenfalls, denn aus anderen Gebieten Vorpommerns sind solche entweder in natura oder aus den Schriftquellen überliefert, und aus späterer Zeit kennen wir auch von Usedom Beispiele, etwa in Kaseburg.

Eine weitere zeittypische Erscheinung, für die sich allerdings auch bereits Belege aus dem Mittelalter finden lassen, war die Bestattung in der Kirche mit der Anfertigung entsprechender Grabgewölbe und Grabplatten. Letztere sind häufig mit figürlichen Darstellungen der Verstorbenen und Inschriften, die deren Leben und Taten ins Gedächtnis der Nachwelt rufen sollen, versehen. Imposante Beispiele dieser Memorialkultur finden sich in den Kirchen von Mellenthin mit dem Grabstein des Rüdiger von Neuenkirchen (gest. 1594) und dessen Ehefrau, Ilsabe von Eickstedt, sowie in Benz mit dem Grabstein des langjährigen herzoglichen Rates und Pudaglaer Amtshauptmanns Jacob Küssow (gest. 1586). Diese Darstellungen der Verstorbenen auf den Grabplatten gelten als die frühesten Beispiele ganzfiguriger Porträts, wie sie als Ausdruck eines neuen Repräsentationsbedürfnisses der Hochrenaissance zu Beginn des 16. Jahrhunderts in Italien in Mode gekommen waren. Ähnliche Beispiele findet man in vielen Dorfkirchen Pommerns, und auch die Herzöge selbst ließen sich in dieser Form darstellen. Das heute im Hauptgebäude der Universität Greifswald aufbewahrte Sandsteinrelief mit der Darstellung Herzog Ernst Ludwigs (1545–1592) aus dem ehemaligen Residenzschloss in Wolgast ist ein Beleg dafür.

Die Klostergebäude in Pudagla und Krummin ereilte ein unterschiedliches Schicksal. Pudagla erhielt nach der Reformation eine neue Funktion als Sitz der herzoglichen Amtsverwaltung. Dafür wurde die mittelalterliche Burg in Usedom aufgegeben. Wie bei den meisten anderen Feldklöstern nutzte man den vorhandenen Gebäudebestand zunächst weiter. Als 1560 Herzog Philipp I. von Pommern-Wolgast starb, erhielt seine Witwe, Maria von Sachsen, das Amt Usedom/Pudagla als Witwensitz. Sie verblieb aber offensichtlich in den ersten

Jahren ihres Witwenstandes in Wolgast. Nachdem 1569 eine weitere Erbteilung die Herrschaftsverhältnisse in Pommern neu regelte, trat Marias drittgeborener Sohn Ernst Ludwig die Herrschaft in Wolgast an. Als er 1574 mit eigenen Heiratsplänen umging, ließ er für seine Mutter auf dem Gelände des Klosters in Pudagla ein neues Gebäude errichten, das der Witwe als Wohnsitz dienen sollte. Es ist im Stil der Spätrenaissance gebaut und präsentiert sich nach diversen Umbauten der jüngeren Vergangenheit heute in einer eher schlichten Form. Von außen lassen lediglich das Portal mit dem darüber befindlichen herzoglichen Wappen, im Innern am ehesten die gewölbten Räume etwas von der ursprünglichen Funktion und Bedeutung des Gebäudes erahnen. Von den Klostergebäuden blieben lediglich die Klosterkirche sowie Teile der Mönchszellen und der Mauern stehen. Dieser aus heutiger Sicht etwas rabiat erscheinende Umgang mit der mittelalterlichen Klosterarchitektur passt jedoch in die Zeit, als an Denkmalpflege noch niemand dachte. Lediglich der Bauzustand und die weitere Nutzbarkeit entschieden über den Fortbestand eines Gebäudes. Eine mittelalterliche Pfarrkirche konnte deshalb nach den notwendigen Umgestaltungen auch einer protestantischen Gemeinde weiterhin Dienste leisten. Ein aufgehobenes Kloster hatte dagegen wenig Chancen, im ursprünglichen Zustand bewahrt zu bleiben. Lediglich die zu evangelischen Damenstiften umfunktionierten Frauenklöster blieben zumindest teilweise erhalten. Aber da das Kloster Krummin nicht dazu zählte, blieb auch dort außer der Kirche nichts von den Klostergebäuden. Krummin war nach der Übernahme durch das Amt Wolgast 1562/63 schlichtweg nur noch ein Gutshof.

Ein ähnliches Schicksal wie die Klosterbauten erlitten auch die mittelalterlichen Befestigungsanlagen. Die Burg Usedom verschwand wahrscheinlich in dieser Zeit. Auch die kleineren Befestigungsanlagen der Adligen wichen den Ansprüchen der neuen Zeit. Militärisch waren sie nutzlos geworden, dagegen erforderten der Ausbau der Gutswirtschaften und die gesteigerten Ansprüche an die Wohnkultur Um- und Neubauten am bisherigen Bestand. Die beeindruckendste niederadlige Wohnanlage des 16. Jahrhunderts auf Usedom entstand zwischen 1575 und 1580 bzw. 1588 auf einer künstlichen Insel in Mellenthin. Der zweigeschossige Bau weist ebenfalls Formen der Renaissance auf. Er steht übrigens nicht, wie mitunter behauptet wird, an der Stelle eines mittelalterlichen Vorgängerbaus. Ein solcher befindet sich etwas abseits im ehemaligen Gutspark. Bauherr war der schon erwähnte Rüdiger von Neuenkirchen. Sehenswert ist von der Innenausstattung, soweit sie sich aus der Anfangszeit erhalten hat, der Kamin von 1613 in der Diele mit der allegorischen Darstellung der Fahrt in die Hölle.

Ein weiterer, im Kern bis in das frühe 17. Jahrhundert datierter adliger Wohnbau befindet sich in Stolpe. Zwar ist er später stark überbaut worden, doch lassen sich im Kernbau noch deutlich die Spuren der Renaissance ablesen. Über das Aussehen der adligen Wohnbauten der von Lepel auf dem Gnitz und der von Borcke in Krienke zu jener Zeit können keine Aussagen getroffen werden, da die dortigen Herrenhäuser einer späteren Zeit entstammen bzw. ältere Bauten nicht mehr vorhanden sind.

Wirtschaftsgebäude der Gutshöfe und Vorwerke sowie Bauernhäuser sind aus dieser Zeit ebenfalls nicht in natura überliefert. Sie können nur aus beschreibenden Quellen oder durch Interpretation noch vorhandener Gebäude aus späteren Zeiten und anderen Gebieten in ihrem Aussehen erschlossen werden. Solche Schriftquellen liegen insbesondere für die zweite Hälfte des 17. Jahrhunderts in einer ziemlichen Anzahl vor. Die dort beschriebenen Gebäude stammten teils noch aus dem 16. bzw. 17. Jahrhundert oder waren Neubauten, die im wesentlichen in den gleichen Formen errichtet wurden.

Mit der oben beschriebenen Form der bildlichen Darstellung der Verstorbenen auf den Grabplatten ging die Herausbildung einer neuen literarischen Gattung Hand in Hand, die Leichenpredigten mit der so genannten Gelegenheitsdichtung und den Lebensbeschreibungen der Verstorbenen. Diese im Zuge der Reformation entstandene Literaturgattung verbreitete sich sehr rasch zunächst in den protestantischen Gebieten, später auch in den katholischen. Die Texte dienten vornehmlich der Erinnerung an den Verstorbenen unter besonderer Hervorhebung seiner Leistungen im Sinne eines gottgefälligen Lebenswandels. Aus den Reihen des Usedomer Adels haben sich aus dieser Zeit solche Texte für die beiden letzten von Neuenkirchen, die Brüder Hans (gest. 1624) und Christoph (gest. 1641), erhalten.

Insgesamt muss gesagt werden, dass spätere Veränderungen, teils durch Zerstörungen in den Kriegen des 17. und 18. Jahrhunderts, teils durch natürlichen, alterungsbedingten Verfall, aber auch durch Wandel von Mode, Geschmack und Nutzung verursacht, nur wenig von den kulturellen Zeugnissen jener Zeit bewahrt bleiben ließen.

Der Dreißigjährige Krieg

Mitte der zwanziger Jahre des 17. Jahrhunderts näherte sich der seit 1618 im Reich lodernde Kriegsbrand auch Norddeutschland in bedrohlicher Weise. 1626 unternahmen Herzog und Landstände in Pommern erste Anstrengungen zur Erhöhung der Verteidigungsbereitschaft, obwohl man sich strikt für eine Neutralitätspolitik ausgesprochen hatte. Aber die politische Situation war schwierig, denn es ging in diesem Krieg nicht zuletzt um die erneut aufgeworfene Frage der reinen christlichen Lehre. Pommern gehörte zu den protestantischen Territorien, in den Augen der Katholiken zu den Ketzern. Auf der anderen Seite wollte man treu und fest zu Kaiser und Reich halten, doch der Kaiser war in dieser Sache selbst nicht neutral, sondern neigte als Katholik natürlich mehr der katholischen Seite zu.

Die 1626 ergriffenen Maßnahmen betrafen einmal eine Besichtigung der Grenzen, zum anderen die Musterung des althergebrachten adligen Lehnsaufgebots. Am 5. Juni 1626 besichtigte eine Kommission die Küste zwischen Peenemünde und der Swine. Sie stellte fest, dass direkte Anlandungen großer Schiffe nicht möglich seien, sondern dass diese weiter draußen vor Anker gehen und die Truppen mit kleineren Booten ans Wasser setzen müssten. Zu der Musterung des Städteaufgebots in Wolgast schickte die Stadt Usedom zwölf Bewaffnete. Die in Demmin stattfindende Musterung des Adels wurde seitens des Usedomer Adels von den von Lepel auf dem Gnitz mit vier Leuten beschickt, Hans und Jürgen von Schwerin auf Stolpe „*reiten selbst*", wie es im Verzeichnis heißt. Im beginnenden Zeitalter der stehenden Heere, die aus angeworbenen Söldnern bestanden, erschien dieses Landesaufgebot inzwischen reichlich altertümlich. Die Ereignisse der nächsten Jahre sollten auch zeigen, dass es militärisch überholt war.

Die direkte Einbeziehung Pommerns und damit auch Usedoms erfolgte im Herbst des folgenden Jahres, als Herzog Bogislaw XIV. in der Franzburger Kapitulation vom 20. (10.) November der zunächst auf sechs Wochen befristeten Einquartierung von acht kaiserlichen Regimentern zustimmen musste. Sowohl die Anzahl der Truppen als auch deren Aufenthaltsdauer wurden später erhöht. Die Residenzstädte, die Domänen, die Sitzgüter des Adels und auch die herzoglichen Beamten, die Professoren, die Geistlichen, Bürgermeister und Ratsherren sollten zwar von den Einquartierungslasten verschont bleiben, doch zeigte sich bei der Umsetzung der Kapitulation, dass die getroffenen Maßregeln kaum einzuhalten waren. Klagen über Plünderungen und gewalttätige Übergriffe der einquartierten Truppen setzten bald ein und sollten bis zum Kriegsende eine immer wiederkehrende Begleiterscheinung des Alltags der Zivilbevölkerung bleiben. Das flache Land wurde in Quartiere eingeteilt, von denen das Quartier Usedom eins bildete. Eine Einquartierungskommission regelte die Modalitäten der Unterbringung und Verpflegung der Truppen vor Ort. Zu der Belastung durch die einquartierten Soldaten kamen noch die zahlreichen Truppendurchmärsche. Jetzt zeigte sich die Kehrseite der strategisch günstigen Lage des Odermündungsgebietes. An den

Mündungen von Peene und Swine wurden Fortifikationen errichtet, die das unbemerkte Eindringen von Schiffen verhindern sollten. Betrachtet man die Ereignisse der Kriegsjahre bis zum Friedensschluss von 1648, so fehlt es weitestgehend an größeren militärischen Aktionen oder gar Schlachten. Die Belastungen, die allmählich zu regelrechten Verheerungen wurden, kamen in erster Linie durch die einquartierten bzw. durchziehenden Truppen und durch die ständig neu auferlegten Steuern. Die bis dahin im Lande unbekannte Kontribution wurde während des Krieges zum Inbegriff für die finanzielle und materielle Belastung der Bevölkerung. Auf Dauer konnten sich auch die anfangs Befreiten nicht den Lasten und Leiden entziehen. Domänen und Rittergüter wurden bald ebenso heimgesucht wie Bauerndörfer, es sei denn, sie schützten sich durch eine Geldzahlung an die Truppenbefehlshaber, eine so genannte „Salva Guardi".

Die Residenzstadt Wolgast verlor den Sonderstatus nach einem dänischen Überraschungsangriff auf Usedom und Wolgast im August 1628, der kurzzeitig zur Besetzung von Insel und Stadt durch die Dänen führte, die aber rasch wieder von den Kaiserlichen vertrieben wurden. Verschärft wurde die Situation noch durch immer wieder von den Truppen eingeschleppte Krankheiten, die in der geschwächten Bevölkerung ein leichtes Opfer fanden. Aber auch die Soldaten hungerten, und so ist ihr häufig gewalttätiges Vorgehen wiederum verständlich. Die damalige Gesellschaft war einfach nicht in der Lage, das Problem der massenhaften Truppeneinquartierung logistisch zu bewältigen.

Bestes Beispiel für die schließlich auch militärischen Auswirkungen dieses Problems ist der Vorstoß der kaiserlichen Truppen unter Gallas 1637. Eine zahlenmäßig überlegene Armee marschierte in Richtung Ostsee und hätte den sich zurückziehenden und geschwächten Schweden sicher keine Chance gelassen. Doch sie marschierte durch ein verödetes Land und war drauf und dran, selbst zu verhungern. So konnten die Schweden, die sich in den befestigten Küstenstädten verschanzt hatten, von wo aus sie Nachschub erwarteten, 1638 wieder die Initiative ergreifen und die Kaiserlichen vertreiben.

Am 26. Juni 1630 stiegen 16 Schwadronen schwedische Reiterei und 92 Kompanien schwedisches Fußvolk bei Peenemünde an Land. Innerhalb kurzer Zeit gelang es der rund 15 000 Mann starken Truppe, die Insel und das gesamte Odermündungsgebiet zu besetzen. Bereits am 9. Juli erschien Gustav Adolf II. vor der Residenz Stettin. Die dortigen Verhandlungen mit dem Herzog und seinen Räten über eine Allianz zogen sich allerdings länger als erwartet hin. Um den Eindruck rasch gefundener Eintracht zu erwecken, immerhin war es der erste Bündnisvertrag des Königs mit einem Reichsfürsten und somit von großer Signalwirkung, datierte man die so genannte Stettiner Allianz auf den 10. Juli 1630 zurück. Ihre Bestimmungen sollten großen Einfluss auf die weitere Geschichte Pommerns haben. Der schwedische König behielt sich in Artikel 14 einen Satisfaktionsanspruch gegenüber eventuellen Erben und Nachfolgern des Herzogs vor. Das war 1630 bereits von ziemlicher Brisanz, denn dass der kränkliche Bogislaw XIV. der letzte seines Geschlechts sein würde, dürfte damals schon ein offenes Geheimnis gewesen sein. Insofern war klar, dass nach seinem Tod der Kurfürst von Brandenburg auf Grund eines 1529 in Grimnitz geschlossenen Erbvertrages die Nachfolge im Herzogtum antreten würde. Und dessen Nachfolgerecht war nun durch den Allianzvertrag zumindest bedroht.

Bis zum Sommer 1631 gelang den Schweden die Besetzung des gesamten Herzogtums und die Vertreibung der kaiserlichen Besatzungstruppen. Der Krieg verlagerte sich in den folgenden Jahren in andere Gebiete des Reiches. Das Land am Meer blieb Landeplatz für den Nachschub und Rückzugsgebiet in militärisch für Schweden weniger glücklichen Zeiten. Über den schwersten Rückschlag des Jahres 1637 ist bereits oben berichtet worden. Diese Jahre, die auch mit dem Tod Herzog Bogislaws XIV. im März 1637, dem Zusammenbruch jeglicher staatlicher Autorität bis zum Frühjahr 1638 und der schließlichen Übernahme der Zivilverwaltung durch Schweden mit dem Oberbefehlshaber Johan Banér als Generalgouverneur an der Spitze einhergingen, blieben im Gedächtnis der Bevölkerung als die „Baniersche Tid" haften. Sie markierten den Tiefpunkt während des Krieges. Dagegen waren bereits die Jahre ab 1639 eher eine unter dem, wenn auch fragilen, militärischen Schutz Schwedens stehende Zeit des Wiederaufbaus.

Gleich nach dem Tod des letzten Herrschers aus dem Greifenhaus entbrannte erwartungsgemäß der Streit zwischen Schweden und Brandenburg um die Nachfolge im Herzogtum. Er fand erst nach langen Verhandlungen als Bestandteil des Osnabrücker Friedensschlusses von 1648 sein Ende in Form eines Kompromisses. Schweden erhielt Vorpommern mit den Odermündungsinseln, der bisherigen hinterpommerschen Residenz Stettin und einem schmalen, erst in einem weiteren Vertrag von 1653 in seinem genauen Verlauf festgelegten Landstreifen östlich der Oder. Die gemeinsame feierliche Beisetzung des Leichnams Bogislaws XIV. in der Stettiner Schlosskirche 1654 bildete den symbolischen Abschluss der Inbesitznahme des Herzogtums durch Schweden und Brandenburg.

DIE SCHWEDENZEIT – 1638/48 BIS 1713/20

Inbesitznahme und Organisation der Herrschaft

Die doppelten Jahreszahlen in der Überschrift deuten schon
an, dass, je nachdem welchem Aspekt man den Vorrang gibt,
Beginn und Ende der schwedischen Herrschaft unterschied-
lich datiert werden können. Für den Beginn stehen zwischen
dem Abschluss der Stettiner Allianz von 1630 und der kaiserlichen Lehnsinvestitur (= Einführung ins Lehen) von 1664
verschiedene Jahreszahlen zur Auswahl. Wir haben uns für
1638 entschieden, weil in jenem Frühjahr ein Jahr nach dem
Tod des letzten Herzogs die interimistische Regierung der ehemaligen herzoglichen Räte zurücktrat und Schweden eine
eigene Zivilverwaltung einrichtete. Damit begann die, wenn
auch noch nicht reichsrechtlich abgesichert, Ausübung von
Hoheitsrechten, die vorher nur den Herzögen zugestanden
hatte, durch Schweden. Die reichsrechtliche Bestätigung, wenn
auch nur für Vorpommern und einige zugelegte Gebiete
östlich der Oder, erfolgte zehn Jahre später im Osnabrücker
Frieden. Schweden erhielt seine pommerschen Besitzungen als
ewige Lehen vom Reich. Dies war im Grunde genommen
eine den bisherigen Vorstellungen vom Rechtscharakter des
Lehens diametral entgegenstehende Formulierung, denn sie
schloss zumindest formal den Entzug des Lehens durch den
Lehnsherrn aus.

Das 1638 übernommene Land war nach etwas mehr als zehn
Kriegsjahren völlig ruiniert. Vom Zustand des flachen Landes berichten zahlreiche überlieferte Güterverzeichnisse. Auf
Usedom wurden 1644 die zur Mellenthiner Begüterung gehörenden Dörfer und Vorwerke besichtigt. Besonders schwerwiegend waren die Bevölkerungsverluste, weil sie anders als
zerstörte Gebäude oder fehlendes Vieh und Saatkorn nicht
kurzfristig ersetzt oder ergänzt werden konnten. In Mellen-

thin waren von zehn Bauern – in der Beschreibung wird für diese durchgängig der Begriff Pflugdienst verwendet – und vier Kossaten (Kleinbauern mit weniger als einer Hufe Land) nur vier Bauern übrig, in Balm von sieben Bauern und zwölf Kossaten nur noch ein Bauer und drei Kossaten. In den anderen Dörfern sah es kaum besser aus. Im Nordwesten der Insel, im Wolgaster Ort, der während des Krieges besonders gelitten hatte, wurde ein Rückgang der besetzten Bauernstellen um die Hälfte, der der Kossatenstellen sogar um zwei Drittel ermittelt. Ähnliche Zahlen vermittelt die Beschreibung des Amtes Pudagla von 1654.

Der Bevölkerungsstand und damit die Wirtschaftskraft der Vorkriegszeit konnte während der gesamten Schwedenzeit auf Usedom nicht wiederhergestellt werden. Allgemeine wirtschaftliche Prozesse, wie die sich seit dem frühen 17. Jahrhundert ausbreitende und bis ins 18. Jahrhundert anhaltende Agrarkrise mit sinkenden Preisen für Getreide und andere landwirtschaftliche Produkte, waren eine Ursache. Die unruhigen politischen Zeiten, jede Generation der folgenden Jahrzehnte erlebte wenigstens einen Krieg, taten ein übriges, die zaghaften Erfolge wieder zunichte zu machen. Wie weit man gerade bei der Wiederbesetzung wüster Stellen vom Vorkriegsstand entfernt war, zeigen die Güterverzeichnisse jener Zeit, die noch jahrzehntelang auch die unbesetzten Stellen mit aufführten und so einen Vergleich ermöglichen.

Der Bevölkerungsschwund verursachte ein umfangreiches Wüstwerden von Ländereien. Um die Ausfälle wenigstens teilweise ausgleichen zu können, wurden die Äcker der nicht mehr besetzten Höfe in einigen Fällen zu neuen Gutshöfen zusammengelegt, so zum Beispiel in Ziemitz, Zecherin oder auch das heute nicht mehr existierende Gumzin bei Krienke. Schon bestehende Gutsbetriebe wurden nicht selten durch die Ländereien wüster Höfe erweitert.

Da die herzoglichen Ämter, auch Tisch- und Tafelgüter genannt, nach dem Tod des Herzogs und dem Rücktritt der herzoglichen Räte herrenlos standen, beschlagnahmte die schwedische Okkupationsverwaltung sie noch 1638 und verlieh sie an Militärs und Beamte. In den folgenden Jahren wurden diese Besitzübertragungen durch königliche Dotationsbriefe bekräftigt. Auf der Insel Usedom erhielt Johan Oxenstierna, Schwedens Legat auf dem Westfälischen Friedenskongress und auch maßgeblich an der Einrichtung der schwedischen Herrschaft in Pommern beteiligt, den größten Teil des Amtes Pudagla. Hinzu kam noch die nach dem Tode des letzten von Neuenkirchen 1641 frei gewordene Mellenthinsche Begüterung und ebenso das Gut Kaseburg. Das zum adligen Lehnsbesitz gehörende Mellenthin ging später in die Hände des schwedischen Stadtkommandanten Greifswalds, Burchard Müller von der Lühnen, bei dessen Familie es bis zur Mitte des 18. Jahrhunderts verblieb. Beim Amt Wolgast, zu dem der nordwestliche Teil der Insel gehörte, vermerkt ein zeitgenössisches Register: *„Dieses ist unter vielen königlichen Officirer vertheilet undt gantz zerißen, daß nichts davon übrig ist."* Einen Großteil, nämlich die Vorwerke Mölschow und Krummin mit den dahin dienstverpflichteten Dörfern, hatte der Oberst Christian Joachim von Radike in Besitz. Diese erwarb schließlich zwischen 1663 und 1667 der damalige Generalgouverneur von Schwedisch-Pommern Carl Gustav Wrangel.

Neben diesen neuen Besitzverleihungen gab es aber auch noch Veräußerungen aus der Zeit der letzten pommerschen Herzöge. Auf Grund ständigen Geldmangels waren diese seit Beginn des 17. Jahrhunderts in zunehmendem Maße gezwungen, Teile ihres Besitzes zu verpfänden. So ging bereits 1625 das gerade neu angelegte Vorwerk Labömitz im Amt Pudagla an den damaligen Amtshauptmann Christoph von Neuenkirchen, nach dessen Tod es 1643 ebenfalls Johan Oxenstierna erwarb. Während des Krieges waren die Beamten häufig gezwungen, selber in Vorkasse zu gehen bzw. sie erhielten keine oder nur unvollständige Besoldungen. Auch diese Forderungen wurden in der Regel mit Grundbesitz abgefunden. So erhielt der ehemalige Pudaglaer Rentmeister Elias Hellwig den Bauhof vor Usedom als Ausgleich für seine Forderungen.

Die Kehrseite dieses Vorgehens war allerdings, dass der staatlichen Verwaltung große Teile ihrer bisherigen Einkünfte fehlten. Daher drängten insbesondere die seit den vierziger Jahren wieder zusammentretenden Landstände auf eine rasche Wiedereinlösung der verpfändeten Besitzungen. Doch bis 1654 geschah so gut wie nichts. Erst als die schwedische Königin Christina in jenem Jahr abdankte und ihr als Unterhalt auch die Einkünfte des ehemaligen herzoglichen Grundbesitzes in Schwedisch-Pommern überwiesen wurden, berief man eine Kommission, die die verpfändeten Besitzungen prüfen und nach Möglichkeit wieder einziehen sollte.

Im Ergebnis dieser Reduktion genannten Einziehung des verpfändeten Besitzes kamen jedoch nur die seit 1638 von der schwedischen Krone als so genannten „pure Donation" vergebenen Besitzungen in die Hand der abgedankten Königin. Dazu zählten auf Usedom in erster Linie das Amt Pudagla, soweit nicht wie bei Labömitz ältere Pfandtitel vorlagen. Radikes Besitzungen im Amt Wolgast unterlagen ebenfalls nicht der Reduktion. Lediglich Loddin und Ückeritz wurden damals vom Amt Wolgast in das Amt Pudagla verlegt.

Für Christinas Besitzungen wurde eine gesonderte Verwaltung eingerichtet, an deren Spitze ein Gouverneur stand. Darunter gab es im wesentlichen dieselben Beamten wie schon zu herzoglichen Zeiten, d.h. Amtshauptleute, Rentmeister, Zöllner, Kieper usw. Hauptmann des Amtes Pudagla wurde 1654 einer der vielen Emporkömmlinge des Krieges, Peter Appelmann. Später pachtete er das Amt und stieg sogar zum Gouverneur über Christinas Unterhaltsländer in Pommern auf. Schließlich fiel er jedoch in Ungnade und 1667 entließ ihn Christina.

Der Verlust des landesherrlichen Grundbesitzes förderte die bereits im Krieg begonnene Herausbildung einer neuen Form der Einteilung des flachen Landes. Aus den Einquartierungsbezirken waren durch die nahezu permanente Erhebung der Kontribution Distrikte entstanden, die mit eigenen Deputierten die Umlage und Einziehung der Steuern organisierten. Da das Kontributionswesen auch nach Kriegsende zur Finanzierung der im Land stationierten schwedischen Truppen fortbestand, verfestigten sich diese zunächst als Provisorium gedachten Distrikte zur bis zum Ende der Schwedenzeit üblichen Verwaltungsorganisation der Landstände. Als die Tafelgüter bzw. Ämter 1689 nach dem Tod Christinas wieder in die Verwaltung der schwedisch-pommerschen Provinzialregierung genommen wurden, bildete sich eine quasi zweifache Bedeutung des Begriffs Distrikts heraus. Im umfassenderen Sinne gemeint bezog er auch die nunmehr königlich-schwedischen Ämter mit ein, im engeren Sinne meinte er nur die im jeweiligen Distrikt zusammengeschlossenen adligen Grundbesitzer und Städte. In der zweiten Hälfte des 17. Jahrhunderts hatten sich insgesamt zehn Distrikte herausgebildet. Die Insel Usedom gehörte mit dem dort ansässigen Adel, der Stadt Usedom, und, im weiteren Sinne, seit 1689 mit dem Amt Pudagla und den auf der Insel gelegenen Teilen des Amtes Wolgast zum Wolgaster Distrikt.

Die rechtlichen Verhältnisse des Adels und der Städte zur neuen Landesherrschaft wurden 1663 mit der allgemeinen Huldigung der Landstände und der Bestätigung ihrer bisherigen Privilegien in altbewährter Weise geregelt. Gleichzeitig erließ man nach jahrelangem Ringen zwischen den pommerschen Landständen und der schwedischen Krone eine Regierungsform, die Form und Umfang der königlich-schwedischen Verwaltung festlegte. Sie lehnte sich stark an ältere Vorlagen aus der Herzogszeit an und bedeutete für die schwedische Krone die Aufgabe der anfangs sehr ambitionierten Pläne bei der Neuorganisation von Staat und Verwaltung. Wohl vor allem aus außenpolitischen Rücksichtnahmen – das für die Großmachtpolitik wichtige Reichsterritorium sollte nicht verlorengehen – verzichtete man schließlich auf grundlegende Reformen der inneren Verhältnisse.

Diese weitreichenden Rücksichtnahmen auf die bisherigen inneren Verhältnisse ermöglichten aber auch eine rasche Integration der einheimischen Eliten in den neuen Verwaltungsapparat. Mit Ausnahme der höchsten Schlüsselpositionen wurden die meisten Posten mit Einheimischen besetzt, die zum Teil ihre Karriere bereits unter den letzten Herzögen begonnen hatten. Als Beispiel von der Insel Usedom mag

Georg Friedrich von Borcke auf Krienke stehen. Geboren 1611 wurde er nach Kavalierstour und Studium in Wittenberg und Leipzig noch vom letzten Herzog 1635 zum Referendar am Wolgaster Hofgericht ernannt. Nach der Wiedereinrichtung des Gerichtswesens durch die Schweden erhielt er 1646 den Posten eines Hofgerichtsrates am nunmehr königlich-schwedischen Hofgericht, ging 1652 für einige Jahre an das in Wismar neu eingerichtete Tribunal und wurde schließlich 1656 zum Hofgerichtspräsidenten berufen.

Der Aufstieg in diese Ränge von Verwaltung und Justiz gelang nur wenigen. Weitaus mehr Möglichkeiten bot das stehende Militär, was auch viele Adlige nutzten.

Landesaufnahme und Güterreduktion

Als mit dem Tod der Königin Christina die Ämter wieder an die schwedische Krone zurückfielen, ergab sich eine gute Möglichkeit, nicht nur ihre inneren Verhältnisse näher zu überprüfen, sondern auch ein seit langem zwischen Regierung und Landständen strittiges Vorhaben, eine geometrische Vermessung des Landes, wieder in Angriff zu nehmen. Begünstigt wurde dies durch den seit einigen Jahren von König Karl XI. in Schweden eingeführten absolutistischen Regierungsstil, der die Mitwirkung der Stände an der Machtausübung weitestgehend ausschalten wollte. In diesem Zusammenhang wurde auch ein anderes Projekt wieder aktuell, die Reduktion der noch verpfändeten Krongüter, die 1654 nicht zu Christinas Unterhaltsländereien gezogen worden waren. Für beide Aufgaben ernannte man besondere königliche Kommissionen, die 1692 fast zeitgleich mit ihrer Arbeit begannen.

Ziel der Landesvermessung bzw. Landesaufnahme sollte es sein, einen genauen Überblick über den Zustand des Landes, insbesondere hinsichtlich seiner wirtschaftlichen Leistungsfähigkeit, zu bekommen. Die Ergebnisse der Landesaufnahme sollten dann als Grundlage für eine Neufestlegung der Besteuerung des landwirtschaftlichen Grundbesitzes und der städtischen Grundstücke dienen. Man plante, kurz gesagt, ein Kataster, auf dessen Basis die Grundsteuer neu festzulegen war. Die bisherige Steuererhebung nach dem Hufen- und Häusermodus basierte noch auf veralteten, infolge von Vereinbarungen zwischen der Regierung und den Landständen zudem mehrfach modifizierten Verzeichnissen. So gab es ein Besteuerungssystem, das den tatsächlichen Verhältnissen in Stadt und Land kaum noch entsprach. Da eine Vermessung aber der Regierung einen genauen Einblick in die inneren Verhältnisse der Dörfer, Güter und Städte ermöglichte, widerstrebten die Landstände, so lange es ging.

Nachdem 1691 eine königliche Instruktion erlassen wurde, die alle Einzelheiten der bevorstehenden Vermessung klärte, setzten im folgenden Jahr mehrere schwedische Landmesser nach Pommern über und begannen mit den Arbeiten. Die Insel Usedom gehörte zu den ersten Gebieten, die bearbeitet wurden. Die Vermessung der insgesamt 71 Ortschaften, welche von Einzelgehöften wie das heute nicht mehr existierende Regezow bei Karnin oder Neuhof (heute Teil von Heringsdorf) über kleinere und größere Dörfer und Güter bis hin zu den zumindest für pommersche Verhältnisse großen Siedlungen Kaseburg und Peenemünde reichten, fanden im September und Oktober 1693 statt. Dies wurde einmal durch den gleichzeitigen Einsatz von sieben Landmessern erreicht, zum anderen ist auch das Arbeitstempo beeindruckend. In der Regel wurde eine Gemarkung an ein bis zwei Tagen vermessen. Die dabei angefertigten Karten und Beschreibungen erlauben uns heute einen einmaligen und faszinierenden Blick in die damalige Kulturlandschaft, wie er für diesen frühen Zeitpunkt sonst kaum möglich ist.

Entsprechend der Instruktion folgen die Beschreibungstexte immer einem Ordnungsschema. Nach einigen Erläuterungen zur Lage des jeweiligen Ortes, den Grundbesitzverhältnissen, seiner administrativen und kirchlichen Zugehörigkeit sowie seinen Bewohnern, folgt eine genaue

Beschreibung der Gemarkungsflächen. Diese sind nach Nutzungsart, also Acker, Wiesen, Weiden und Wald, Gewässer und Ortslagen unterteilt. Es wird jeweils die vermessene Größe in den damals üblichen Flächenmaßen pommerscher Morgen (rund 0,6 Hektar) und Quadratrute (rund 22 Quadratmeter) sowie beim Acker die Bodenart und -güte, bei Wiesen und Weiden der Bewuchs, bei Wald der Baumbestand und bei Gewässern eventuell vorhandener Fischbesatz angegeben. Beim Acker wurde noch zusätzlich, falls vorhanden, wüster, also nicht genutzter, Acker verzeichnet. Signaturen stellen die Verbindung mit den Karten her, auf denen die Flächen je nach Nutzung farblich voneinander geschieden sind. Karten und Beschreibungen dienen also in erster Linie der Bonitierung, um den wirtschaftlichen Ertrag der jeweiligen Gemarkung abschätzen zu können. Die einzelnen Nutzungsarten verteilten sich auf der Insel wie folgt: 25,3 % Acker, 6 % wüster Acker, 7 % Wiesen, 24,2 % Weiden, 28 % Wald, 8 % Gewässer und 0,6 % Ortslagen. Auffallend ist der geringe Anteil des wüsten Ackers, der, auch nur auf die Ackerflächen bezogen, wenig mehr als ein Fünftel ausmachte. Dies spricht für den vergleichsweise guten Kulturzustand auf der Insel. Im Bereich von Amt und Distrikt Loitz betrug der Anteil des wüsten Ackers an der Gesamtfläche zur selben Zeit rund 20 %, bei den Greifswalder Stadtdörfern rund 11 %, aber bereits bei dem der Insel gegenüberliegenden Festland nördlich der Ziese (Land Wusterhusen) nur noch rund 7 %. Allerdings muss man dabei auch den insgesamt geringeren Anteil des Ackerlandes (bebauter und wüster Acker) an der Gesamtfläche berücksichtigen. Er lag auf der Insel nur bei rund 31 %, in Amt und Distrikt Loitz immerhin bei rund 56 %, bei den Greifswalder Stadtdörfern bei knapp 52 % und im Land Wusterhusen bei etwas mehr als 50 %. Ein Blick in die einzelnen Beschreibungen zeigt dann auch die starke Differenzierung. Auf der einen Seite gab es zahlreiche Gemarkungen, bei denen kein oder nur wenig wüster Acker vorhanden war. Andererseits kamen auch Orte vor, bei denen noch zwischen einem Drittel bis zur Hälfte des gesamten Ackers unbearbeitet lag. Auch die Ursachen konnten verschieden sein. In Mellenthin wurde der hohe Anteil wüsten Ackers auf den schlechten Sandboden zurückgeführt. In Mahlzow, dem einzigen Ort, wo die wüsten Ackerflächen die der bearbeiteten überstiegen, traf dieser Grund nicht zu. Auch die geographische Lage kommt nur bedingt in Betracht, denn bereits das Nachbardorf Zecherin wies nur verschwindend geringe wüste Ackerflächen auf.

Bemerkenswert ist für die Insel darüber hinaus der sich in weiten Teilen bis heute gehaltene Waldbestand. Gerade die im Osten der Insel gelegene „Kaseburger Heide" galt als wertvoller Nutzholzlieferant, nicht zuletzt auch für die schwedische Flotte. Mitte des 17. Jahrhunderts hatte die schwedische Krone dort eine Schiffswerft errichten lassen, die aber nach dem Raubbau am Baumbestand wieder einging, wie der Landmesser in seinen Anmerkungen berichtet. Gerade in diesem letzten Teil der Beschreibungstexte, der meist mit „Annotationen" überschrieben ist, findet man zahlreiche zusätzliche Informationen zur wirtschaftlichen und sozialen Lage der Bevölkerung, aber auch zum Beispiel zu vorgeschichtlichen Denkmälern. Dabei ging manchmal die Phantasie mit den Landmessern durch bzw. sie saßen den damals kursierenden Legenden auf, so wenn bei Koserow vor der Küste die Reste der untergegangenen Stadt Vineta beschrieben werden. Wertvoller ist da schon der Hinweis bei Stolpe auf einen Burgwall außerhalb des Ortes, der dann auch deutlich auf der Karte eingezeichnet ist.

Siedlungsstruktur und Wirtschaftsweise zeigen noch zu großen Teilen die während der deutschrechtlichen Kolonisation im 13. Jahrhundert geschaffenen Verhältnisse. Der Ackerbau wurde weitgehend von der Dreifelderwirtschaft mit Flurzwang und Getreidemonokultur bestimmt. Wo die Bodenverhältnisse es nicht zuließen und andere Wirtschaftszweige wie Fischerei und Waldnutzung überwogen, gab es auch Formen eines ungeregelten Ackerbaus. Dies traf zum Beispiel bei den im Osten der Insel gelegenen Ortschaften wie Kaseburg und Swine zu, die nur über verstreut liegende Ackerstücke verfügten. Dementsprechend war hier auch im Mittelalter keine

Verhufung der Gemarkungen vorgenommen worden. Erst die Anforderungen des frühneuzeitlichen Steuerstaates legten auch für die Besteuerung dieser Ortschaften fiktive Hufenzahlen fest, die dann einmal mehr deutlich aufzeigen, dass das alte, auf Landfläche und deren Ertrag ausgerichtete Hufensystem sich zunehmend in Auflösung befand und dringend einer Neuordnung bedurfte. Die Verteilung der Siedlungen zeigt, dass in erster Linie die alten slawischen „terrae" als Siedlungskerne weiterhin dominierten. Dies lag in den natürlichen Voraussetzungen, insbesondere der Bodenfruchtbarkeit, begründet. Nahezu unbesiedelt erscheint der Küstenstreifen an der Ostsee. Landwirtschaft war hier nur bedingt möglich und für die Fischerei fehlten geeignete Hafenplätze. Selbst die bestehenden Ortschaften wie Koserow hatten mit den widrigen natürlichen Verhältnissen zu kämpfen. Dort waren es neben den Kriegen vor allem die ertragsarmen Sandböden, die einen Rückgang der Bevölkerung verursachten. Ähnlich erging es der Ortschaft Neukrug, die sehr unter dem Flugsand zu leiden hatte.

Eine Reihe der damals vorhandenen Siedlungen gibt es nicht mehr, wie das bereits erwähnte Regezow, ebenso Gumzin bei Krienke und Lütebog bei Kachlin. Weitere sind inzwischen in anderen Orten aufgegangen, etwa Neuhof, Gothen und Neukrug, oder verlegt worden, wie Zitz, der Vorgänger des späteren Zinnowitz.

Interessant sind zweifellos auch die im selben Abschnitt gemachten Angaben zur Ausstattung der Gutshöfe, Bauern und Kossaten mit Vieh und Gesinde, aber auch zu Aussaat und Ertrag sowie zu den von den Untertanen zu leistenden Frondiensten. Während für die Amtsbesitzungen diese Angaben durch andere Quellen überprüft, ergänzt und gegebenenfalls auch korrigiert werden können, bilden sie für die Besitzungen des Adels häufig den einzigen Hinweis auf deren landwirtschaftlichen Betrieb zu jener Zeit überhaupt. Von der Bewirtschaftungsform her überwogen sowohl bei den königlichen als auch bei den adligen Gütern die so genannten Teilbetriebe. Bei diesen wurde der Ackerbau der Güter ganz oder teilweise durch die Frondienste der zur Grundherrschaft gehörenden Bauern und Kossaten bewerkstelligt. Gravierende Unterschiede bei der Frondienstbelastung zwischen den königlichen und den adligen Gütern lassen sich nicht feststellen. Klagen der Bauern über zu hohe Dienste kamen vor allem bei den verpachteten Amtsvorwerken vor. Neben diesen „normalen" Gutsbetrieben gab es auch eine Reihe von Spezialbetrieben, die anders funktionierten. Dazu gehörten in erster Linie die Holländereien, speziell auf Milchwirtschaft ausgerichtete Betriebe, die die umfangreichen Wiesen und Weiden der Insel nutzten, nur wenig Ackerbau betrieben und in der Regel ohne Frondienste wirtschafteten. Dazu zählten zum Beispiel das schon genannte Regezow, das heute ebenfalls nicht mehr existierende Gut „*Die Huffe*" bei Gneventhin, die Insel Görmitz beim Gnitz, die erst um 1670 angelegte Holländerei Damerow sowie die seit ca. 1660 bestehende Holländerei Gaatz beim Wolgaster Stadteigentumsdorf Peenemünde. Schäfereien waren dagegen seltener als auf dem Festland zu finden, was in der Beschaffenheit der Weideflächen begründet lag, die wegen des feuchten Bodens rasch die so gefürchtete Moderhinke verursachte.

Elf Jahre nach der Hauptvermessung waren die Landmesser noch mal vor Ort. Diesmal hatten sie den Auftrag, die seit 1693 neu unter den Pflug genommenen Flächen zu vermessen. Basierend auf diesen Angaben wurde 1708 von der königlichen Regierung in Stettin ein Entwurf eines neuen Hufensteuerverzeichnisses vorgelegt, welches nach seinem Autor, dem Regierungsrat Magnus von Lagerström, als Lagerströmsche Matrikel bezeichnet wurde. Eine Parodie der Geschichte wollte es, dass diese Matrikel nach 1720 im verbliebenen Schwedisch-Pommern nördlich und westlich der Peene nicht in Kraft trat, dagegen aber in den an Preußen abgetretenen Gebieten, also auch auf Usedom, die Grundlage der Besteuerung bis zum Kataster von 1860 bildete.

Magnus von Lagerström gehörte auch der Reduktionskommission an, deren Aufgabe es war, die bislang noch verpfändeten oder anderweitig veräußerten landesherrlichen Güter wieder in den Besitz der Krone zu bringen. Dies betraf auf der Insel einmal das ehemals zum Amt Wolgast gehörende und sich nun im Besitz der Erben des früheren schwedisch-pommerschen Generalgouverneurs Carl Gustav Wrangel befindlichen Gut Mölschow mit den dazu gehörenden Dörfern Ziemitz, Zecherin, Bannemin, Mahlzow und Sauzin. Weiterhin kamen in Betracht das bei den Erben des Oberst von Radike verbliebene Loddin, das in den Besitz der holsteinischen Familie von Restorf gekommene Gut Mönchow sowie das bereits seit 1625 verpfändete, ehemals zum Amt Pudagla gehörende Vorwerk Labömitz mit den Dörfern Reetzow, Katschow, Sallenthin, Lütebog und zwei Kossatenstellen in Prätenow. Letzteres war inzwischen über mehrere Stationen in den Besitz des Rittmeisters Heinrich Christian Horn gelangt. Außerdem gab es noch einige kleinere Besitzungen und Einkünfte. Zu diesen gehörte das an die Stadt Usedom verpfändete halbe Stadtgericht und die so genannten Straßengefälle, eine Katenstelle in Regezow, Abgaben aus den adligen Dörfern Stolpe und Suckow sowie ein Bauernhof aus Neppermin.

Aufgrund gesonderter Bestimmungen war das ebenfalls früher im Besitz des Generalgouverneurs Wrangel gewesene Gut Krummin mit den dazu gehörenden Orten bereits 1681 noch von der Königin Christina wieder eingezogen worden.

Mit Ausnahme von Labömitz, Mönchow und Regezow wurden alle oben genannten Güter bis 1695 von der Reduktionskommission für die Krone zurückgefordert und nach erfolgter Liquidation mit den bisherigen Besitzern unter die Verwaltung der jeweiligen Amtleute gestellt. Die Einlösung der diesmal auf Grund von Protesten der Pfandinhaber zurückgestellten Güter erfolgte erst durch die preußische Verwaltung nach 1721.

Die Tätigkeit beider Kommissionen ist Ausdruck eines sich am Ende des 17. Jahrhunderts auch in Schwedisch-Pommern durchsetzenden absolutistischen Regierungsstils der Könige Karl XI. und Karl XII. von Schweden. Durchgreifende Erfolge konnte diese Politik jedoch letztlich nicht erringen, da der seit 1700 auf verschiedenen europäischen Schauplätzen tobende Nordische Krieg ab 1709 auch die pommersche Provinz Schwedens erreichte und die Arbeiten der Kommissionen unterbrach.

Kriege in der Schwedenzeit

Wenn man den Charakter der Schwedenzeit Usedoms mit einem Wort beschreiben sollte, würde der Begriff „Kriegszeiten" oder vielleicht noch besser das schwedische Synonym „Ofredsår" am ehesten passen. Die Erwerbung geschah während und durch einen Krieg, der Verlust ebenfalls. Und zwischendurch fanden noch zwei weitere Kriege statt: von 1655 bis 1660 der schwedisch-polnische Krieg sowie von 1674 bis 1679 der schwedisch-brandenburgische Krieg. Rechnet man Kriegs- und Friedensjahre der fünfundsiebzigjährigen faktischen Zugehörigkeit Usedoms zum schwedischen Ostseeimperium von 1638 bis 1713 gegeneinander auf, so stehen 39 „offizielle" Friedensjahre 35 Kriegsjahren entgegen. Die Zeiten der tatsächlichen Kriegseinwirkungen durch Besetzungen, Kampfhandlungen und Durchmärsche waren zwar wesentlich geringer, aber Kriegsjahre, auch wenn die Schauplätze weit weg lagen, brachten immer höhere Belastungen mit sich. Höhere Steuern wurden in der Regel verlangt und Handelseinschränkungen gab es meist auch. Verglichen mit dem langen friedlichen 16. Jahrhundert und auch mit dem wesentlich ruhigeren 18. Jahrhundert erscheint also das 17. Jahrhundert als eine Epoche der Kriege und Krisen. Dass dies insbesondere für Schwedens Besitzungen an der südlichen Ostseeküste zutraf, hing mit den Umständen ihrer Erwerbung zusammen. Sie war Bestandteil der aggressiven schwedischen Großmachtpolitik, die sich in diesem konkreten Fall auch noch den „rechtmäßigen" Erben Brandenburg zum Feind machte. Und Brandenburg wurde in der zweiten Hälfte des 17. Jahrhunderts zunehmend zur dominierenden Macht in Norddeutschland. Der

Swinemündung in der Mitte des 17. Jahrhunderts auf einem Kupferstich von M. Merian (1652).
Repro: Thomas Helms

Besitz der Reichsterritorien an der Ostsee war für Schwedens Großmachtpolitik unabdingbar. Mit dem Ende der ohnehin nur sehr fragilen, weil wirtschaftlich und finanziell nicht untersetzten Großmachtstellung verlor das nordische Königreich auch seine meisten auswärtigen Besitzungen. Dass es nicht alle waren, hing vor allem mit dem Interesse der anderen europäischen Großmächte an einer Machtbalance im Ostseeraum und in Norddeutschland zusammen.

Nur sieben Jahre nach dem Osnabrücker Friedensschluss wurde Schwedisch-Pommern bereits wieder zum Aufmarschgebiet von Truppen, die sich zunächst zu den polnischen Kriegsschauplätzen begaben. Zwischen Polen und Schweden gab es seit langem dynastisch begründete Rivalitäten, herrschte doch auch in Polen seit 1587 eine Nebenlinie des schwedischen Königshauses Wasa. Nach der Abdankung Christinas als der letzten schwedischen Wasa machte Polen Ansprüche auf den Thron geltend, befand sich aber wegen eines von Russland unterstützten Kosakenaufstandes im Osten seines Reiches in einer denkbar ungünstigen Ausgangslage. Im Bündnis mit Brandenburg ging Schweden zum Angriff über und brachte 1656 nach der siegreichen Dreitagesschlacht von Warschau Polen an den Rand seiner Existenz. Doch nachdem sich der ehemalige Verbündete Brandenburg und auch der Kaiser im Verlauf des Krieges gegen Schweden gewandt hatten, weitete sich der Krieg 1659 auch auf Pommern aus. Unter dem Kommando des kaiserlichen Generals de Souches rückten 14 000 Mann in Pommern ein. Noch im August 1659 besetzten sie die Nachbarinsel Wollin und einen Monat später auch Usedom, wobei die Stadt Usedom teilweise in Brand geriet. Im November desselben Jahres eroberten die Schweden sie wieder zurück. Die Kaiserlichen mussten hier wie auch insgesamt aus Pommern wieder abziehen. Waren die Kampfhandlungen auch nur kurz, so zerstörten sie doch manches von dem in den vergangenen Jahren wieder Aufgebauten. Zusätzlich sorgten erneute Einquartierungen, Durchmärsche und Kontributionen für erhebliche Belastungen.

Fast noch schwerwiegender waren die Folgen des 1674 begonnenen Krieges zwischen Schweden und Brandenburg. Nach der für Schweden unglücklich verlaufenen Schlacht bei Fehrbellin, nordwestlich von Berlin, am 28. Juni 1675 setzten die siegreichen Brandenburger den fliehenden schwedischen Truppen nach. Sie besetzten relativ rasch das gesamte flache Land Schwedisch-Pommerns und machten sich an die Belagerung der zu Festungen ausgebauten größeren Städte. Dem aus Pommern stammenden General Bogislaw von Schwerin fiel dabei die Aufgabe zu, die Inseln Usedom und Wollin zu erobern, um von dort her die Belagerung der Residenzstadt Wolgast zu zueinleiten. Dies gelang ihm im Oktober 1675, und am 31. Oktober begann er mit der Belagerung von Wolgast, das sich bereits am 10. November ergab. Die Eroberung der anderen Festungen Schwedisch-Pommerns zog sich noch bis zum Jahresende 1678 hin, aber dann war die ganze Provinz trotz teilweise heftiger Gegenwehr der Schweden in der Hand des brandenburgischen Kurfürsten. Er hatte sich bereits am Ziel, der Erwerbung ganz Pommerns, gesehen. So begann sich im Sommer und Herbst 1678 die für die Verwaltung der Domänen im brandenburgischen Pommern zuständige Kammer in Stargard mit der Besichtigung und Inbesitznahme der schwedisch-pommerschen Ämter zu befassen. Doch die Hoffnungen des Kurfürsten erfüllten sich nicht. Im Frieden von St. Germain 1679 musste er auf Druck der europäischen Hegemonialmacht Frankreich fast das gesamte eroberte Gebiet wieder an Schweden zurückgeben.

Lediglich der Landstreifen östlich der Oder mit Ausnahme der Städte Altdamm und Gollnow kam in seinen Besitz. Gollnow wurde zusätzlich von Schweden für 20 Jahre an Brandenburg verpfändet.

In beiden Kriegen erwiesen sich die bereits im Dreißigjährigen Krieg angelegten Schanzen bei Peenemünde und Swine als die neuralgischen Punkte, auf die sich die Kampfhandlungen konzentrierten. Denn wer sie besaß, kontrollierte die beiden schiffbaren Odermündungsarme. In den Jahren 1675 und 1676 tobten daher mehrfach heftige Gefechte um den Besitz der Schanzen, die schließlich am 14. Juli 1676 mit der endgültigen Einnahme der Peenemünder Schanze durch die Brandenburger endeten.

Wie die Protokolle der brandenburgischen Kommissare vom Herbst 1678 ausweisen, hatte das flache Land wiederum schrecklich gelitten. Beim Gut Krummin heißt es etwa: *„Krummin, im Lande Usedom bey Wolgast, ein Wohnhaus, eine Scheune, 1 Schafstall, 1 kleines Viehhäuschen, das Backhaus abgebrannt."* Und weiter unten bei den zu Ziemitz dienenden Dörfern steht zu Mahlzow: *„Dieses Dorff ruiniret und die Häuser abgebrochen."* Die Beispiele ließen sich fortsetzen und belegen, dass zu dieser Zeit offensichtlich der demographische und wirtschaftliche Tiefpunkt während des ganzen 17. Jahrhunderts erreicht worden war. Die Beschreibungen der 15 Jahre später durchgeführten Landesaufnahme zeigen dann den inzwischen erreichten Stand der Rekultivierung auf.

Ein letztes Mal während der Schwedenzeit war Usedom ab 1709 direkt von den Folgen eines Krieges betroffen. Bereits seit 1700 tobte der so genannte Große Nordische Krieg, in dem

Schweden zunächst vor allem gegen seine Rivalen an der Ostsee, Dänemark und Russland, operierte. Zugleich mischte es sich aber auch in Thronfolgeangelegenheiten Polens, wo seit 1697 der sächsische Kurfürst Friedrich August I. als August II. herrschte, ein und brachte kurzzeitig einen eigenen Kandidaten auf den Thron. Nach der schwedischen Niederlage bei Poltawa 1709 kam es jedoch zu einer großen Koalition zwischen Russland, Polen-Sachsen und Dänemark. Obwohl es zu Beginn des Krieges eine Art Neutralitätsklausel für Schwedens Besitzungen im Reich gegeben hatte, traute Schweden dieser nun nicht mehr und verstärkte die Verteidigungsmaßnahmen. Infolgedessen wurden zusätzliche Truppen auf Usedom stationiert, die wieder verpflegt werden mussten. Zu einem Einmarsch der Alliierten in Schwedisch-Pommern kam es aber erst 1711. Größere Kampfhandlungen blieben zunächst aus. Preußen hatte sich bisher neutral gezeigt, aber nach dem Thronwechsel von 1713 griff der neue König Friedrich Wilhelm I., der „Soldatenkönig", aktiver in das Geschehen ein. In zwei Verträgen vom Juni und Oktober 1713 mit dem Herzog von Holstein-Gottorf als Verbündetem der Schweden und dem russischen Zaren, dessen Truppen große Teile Vorpommerns besetzt hatten, wurde dem Preußenkönig die Sequestration (= Zwangsverwaltung) des südlich und östlich von Peene und Peenestrom gelegenen Gebietes Schwedisch-Pommerns übertragen. In Geheimklauseln war jedoch bereits die endgültige Übergabe dieses Gebietes an Preußen in Aussicht gestellt worden.

Doch nach der spektakulären Rückkehr des Schwedenkönigs Karl XII. aus dem türkischen Exil flammte der Krieg 1715 nochmals auf. Im April 1715 wurde Usedom erneut von den Schweden besetzt, wie bereits 1630 eingeleitet durch ein Seelandemanöver vor Peenemünde. Dies führte zur preußischen Kriegserklärung an Schweden und dem Beitritt zu den Alliierten am 1. Mai 1715. Eine dänische Flotte, die eigentlich in den Greifswalder Bodden durchbrechen und die Belagerung der schwedischen Hauptfestung Stralsund von See her unterstützen sollte, wurde von einer überlegenen schwedischen Flotte vor der Küste Usedoms eingeschlossen und zugleich von den schwedischen Küstenbatterien bedroht. Entsatz brachten preußische Truppen unter General von Arnim, die am 31. Juli von Wollin aus auf Usedom einrückten und die Insel bis auf die Peenemünder Schanze innerhalb von zwei Tagen besetzten. Die stark befestigte Schanze wurde nach umfangreichen Vorbereitungen am 22. August 1715 gestürmt, womit die Kampfhandlungen auf der Insel endeten.

Faktisch war Usedom damit wie das übrige Vorpommern südlich und östlich von Peene und Peenestrom, für das sich im 19. Jahrhundert der Begriff Altvorpommern einbürgerte, für Schweden verloren gegangen. Die formale Bestätigung erfolgte im Stockholmer Friedensvertrag zwischen Schweden und Preußen vom 20. August 1719 (Vorvertrag) bzw. 21. Januar 1720 (Bestätigung).

Innere Entwicklung bis zum Siebenjährigen Krieg

Noch während auf der Insel Usedom die Kämpfe zwischen den Alliierten und Schweden andauerten, wurde der seit Herbst 1713 von Preußen unter Sequester genommene Teil Schwedisch-Pommerns der Verwaltung der hinterpommerschen Regierung in Stargard unterstellt. Hintergrund war die preußische Kriegserklärung vom 1. Mai 1715. In einem Erlass vom 24. Mai wurde der hinterpommerschen Regierung die Verwaltung des sequestrierten Vorpommerns *„per modum commissionis"* (auf kommissarische Art) übertragen. Sie hatte im Prinzip die gesamte innere Verwaltung wahrzunehmen. Gleichzeitig verbot der preußische König in den sequestrierten Gebieten den bisherigen Gerichtszug an das Greifswalder Hofgericht, ergänzt am 17. Oktober durch ein Verbot der Appellation an das Wismarer Tribunal. Neue zuständige Gerichte sollten das Stargarder Hofgericht bzw. das Berliner Tribunal sein. Am 1. Juni 1715 erging ein Erlass des preußischen Königs an das für die Finanz- und Militärverwaltung zuständige Kommissariat in Stargard, das die Übernahme der entsprechenden Aufgaben im sequestrierten Vorpommern anordnete.

In der zweiten Jahreshälfte des Jahres 1716 und zu Beginn des Jahres 1717 befasste sich die für Hoheitsangelegenheiten zuständige preußisch-pommersche Landesregierung bereits mit der Huldigung der vorpommerschen Landstände, die am 25. Februar 1717 in einem feierlichen Akt auf dem Stettiner Schloss vorgenommen wurde. Verweigerern wurde die Konfiszierung (=Beschlagnahme) ihres Besitzes angedroht. Die für die Verwaltung der Domänen im preußischen Pommern zuständige Amtskammer beaufsichtigte die sequestrierten vorpommerschen Ämter bereits seit 1714. Diese Vorgänge zeigen deutlich, dass sich der preußische König seiner Sache offensichtlich sehr sicher war, denn gerade das Verbot des Gerichtszuges an die schwedisch-pommerschen Gerichte und die Huldigung der Landstände deuten auf eine mehr als nur zeitweilig gedachte Zwangsverwaltung des Landes hin.

Der Stockholmer Friedensvertrag von 1719/20 bestätigte einerseits den sequestrierten Besitz als endgültig preußisch, wenn auch gegen eine Entschädigung von 2 Millionen Talern, setzte mit seinen Bestimmungen aber zumindest formal enge Grenzen bei der weiteren Umgestaltung der inneren Verhältnisse. Insbesondere die Privilegien der Landstände sollten unangetastet bleiben. Wie wenig sich der neue Landesherr tatsächlich darum kümmerte, zeigen die Vorgänge der Jahre 1720 und 1721 deutlich. Auf die bereits im Januar 1720 von den vorpommerschen Ständen eingereichten „Gravamina" (Beschwerden) wegen ihrer Privilegien antwortete Friedrich Wilhelm I. am 10. Juni 1721, dass er sich durch diese *„zum höchsten scandalisiret"* fühle, so *„daß kein Landesherr über dergleichen Prätensiones* (Anmaßungen) *sich mit seinen Unterthanen einlassen könne"*. Die erneute Huldigung fand am 10. August 1721 wiederum in Stettin statt.

Andererseits bedingten die seit der Teilung Pommerns 1648/53 entstandenen andersartigen Verhältnisse doch auch Rücksichtnahmen bei der Verwaltung des vorpommerschen Landesteils. Viele Bestimmungen fanden in Vorpommern keine oder nur in abgewandelter Form Anwendung. So wurde die 1717 in Hinterpommern angeordnete Allodifikation der adligen Lehen zwar auch auf den vorpommerschen Landesteil ausgedehnt, erzielte hier aber während des gesamten 18. Jahrhunderts nur geringe Erfolge. Ein Landbuch, in dem die auf den Lehngütern des Adels haftenden Kredite verzeichnet waren, legte man für das preußische Vorpommern ebenfalls erst mit einiger Verspätung ab 1744 an.

Unterschiede gab es des weiteren bei der regionalen Verwaltung. Das flache Land bestand im 18. Jahrhundert aus Kreisen mit einem aus den adligen Grundbesitzern gebildeten Kreistag, denen ein Vertreter des ortsansässigen Adels als Landrat vorstand. Das Amt des Landrats hatte in Pommern seinen Ursprung in der landständischen Verfassung des 16. Jahrhunderts. Um bei dringenden Angelegenheiten, die die Mitwirkung der Landstände erforderten, nicht jedesmal einen Landtag einberufen zu müssen, wurde eine Gruppe von Vertretern des Adels und der Städte von den Ständen ausgewählt, dem Herzog vorgeschlagen und von diesem zu Landräten ernannt. Sie waren als Räte der Landschaft, sprich der Landstände, im Gegensatz zu den direkt dem Herzog verpflichteten Hofräten. Dieses Amt hatte im schwedischen Pommern seine ursprünglich ständische Herkunft beibehalten und sogar noch ausbauen können. In Hinterpommern war es dagegen mehr zu einem landesherrlichen Amt geworden, so wie dort seit 1654 die landständischen Mitwirkungsrechte überhaupt weitgehend ausgeschaltet wurden. Deshalb stellten im 18. Jahrhundert die Landräte im preußischen Vorpommern noch in stärkerem Maße Vertreter der Landstände dar als ihre hinterpommerschen Kollegen. Es gab hier insgesamt fünf Kreise, von denen die Inseln Usedom und Wollin jeweils einen eigenen Kreis mit getrennten Kreistagen, aber einem gemeinsamen Landrat bildeten. Da die von den Landräten verwalteten Bezirke nur die adligen Güter unter Ausschluss der königlichen Ämter und der Städte beinhalteten, ist der Grund für die gemeinsame Verwaltung von Usedom und Wollin zweifellos in der geringen Zahl der adligen Güter auf den Inseln zu sehen.

Die Städte unterwarf man einer stärkeren staatlichen Kontrolle. Bereits in der Schwedenzeit wurde die Erhebung der wichtigsten städtischen Steuer, der Akzise, auch Trank- und Scheffelsteuer genannt, von königlich Akziseeinnehmern oder -kollektoren durchgeführt. Dieses Amt übernahmen nun königlich-preußische Beamte, bezeichnet als „Commissarius Loci" (= Beauftragter vor Ort). Sie hatten aber so weitreichende Vollmachten, dass sie de facto Wirtschaft und Verwaltung in den Städten leiteten. Die vorpommerschen Städte wurden hinsichtlich der staatlichen Aufsichtsverwaltung zu einem steuerrätlichen Kreis mit dem Verwaltungsmittelpunkt Stettin zusammengefasst. Eine Revision der städtischen Kassen leitete die schärfere staatliche Kontrolle über die Verwaltung der Stadt Usedom wie überall in den übernommenen vorpommerschen Städten ein. Diese brachte zahlreiche Unzulänglichkeiten zu Tage. Die städtische Selbstverwaltung wurde in nicht unerheblichem Maße beschnitten. Statt zwei gab es nur noch einen Bürgermeister. Die Vertreter der Bürgerschaft, traditionell als Achtermänner bezeichnet, reduzierte man zu Viertelsherren.

Aufgrund der neuen Grenzziehung wurden die ehemals zum Amt Wolgast gehörenden Besitzungen zum Amt Pudagla gelegt, das nun den gesamten landesherrlichen Grundbesitz auf der Insel unter sich vereinigte. Die Bezeichnung Wolgaster Ort wies jedoch weiterhin auf die ehemalige Zugehörigkeit der im Nordwesten gelegenen Orte hin. Rasch wurden nach 1720 die von der schwedischen Reduktion noch ausgenommenen und die während des Nordischen Krieges neu verpfändeten Güter wieder eingelöst. Aus dem so genannten Kavelacker bei Mönchow bildete man bei dieser Gelegenheit das Vorwerk Wilhelmshof. Es sollte auf Grund seiner besonderen Bodenqualität zur ertragreichsten Domäne im Amt Pudagla werden.

Ab 1723 setzte sich im preußischen Pommern wie überall im Königreich die Generalverpachtung der königlichen Ämter durch. Das bedeutete, dass das Amt als ganzes an einen Pächter übergeben wurde, der dann die einzelnen Vorwerke und Güter unterverpachten konnte. Hinsichtlich der königlichen Hoheitsrechte und der Rechtsprechung blieben die Generalpächter jedoch der Kontrolle der Provinzialbehörden unterworfen. Diese führten auch jeweils nach Ablauf der gewöhnlich sechsjährigen Pachtzeit eine genaue Untersuchung und Inventarisierung des Amtes durch. Den dabei angefertigten Protokollen kann man zahlreiche und umfassende Informationen zur inneren Entwicklung der zum Amt gehörenden Ortschaften entnehmen. Die Generalverpachtung blieb bis in die Zeit der Napoleonischen Kriege und der Stein-Hardenbergischen Reformen in Preußen zu Beginn des 19. Jahrhunderts in Kraft. Die letzte und 13. Generalverpachtung des Amtes Pudagla erfolgte 1805 für die Jahre 1806 bis 1812, wurde aber durch die kurz darauf erfolgende französische Besetzung beeinträchtigt.

Der Stockholmer Friedensvertrag von 1720 machte aber auch den einzigen noch für größere Schiffe passierbaren Mündungsarm der Oder, den Peenestrom, zur Grenze. Durch die Zollstellen bei Wolgast, die weiterhin in schwedischer Hand blieben, wurde der Handel Stettins beeinträchtigt. Außerdem war die Zufahrt bei militärischen Auseinandersetzungen leicht zu sperren. Deshalb suchte Preußen schon wenige Jahre nach dem Friedensschluss nach Alternativen. In erster Linie bot sich dafür der mittlere Mündungsarm, die Swine, an. 1729 ließ die Stettiner Kriegs- und Domänenkammer, wie die neue Zentralbehörde der inneren Verwaltung in den preußischen Provinzen seit 1723 hieß, erstmals die Swineausfahrt besichtigen und ausbauen. Jedoch gestalteten sich die Arbeiten äußerst schwierig und langwierig, so dass sie bis zum Regierungsantritt König Friedrichs II. 1740 nicht recht vorankamen. Dieser beauftragte gleich im ersten Jahr seiner Regierung den Generalmajor Wallrave mit der Untersuchung von Swine und Dievenow zum Zweck der Schiffbarmachung und Anlage eines Hafens. Die Entscheidung Wallraves fiel zugunsten der Swine aus. Bis 1746 wurde nun unter der Leitung des Kammersekretärs und späteren Kriegsrates Brandes das Fahrwasser ausgebaut und ein neuer Hafen angelegt. Dieser erhielt den Namen Swinemünde und entwickelte sich in den folgenden Jahren und Jahrzehnten zum größten und bedeutendsten Ort der Insel. Eine 1755 erstmals angelegte Mole schützte den neuen Hafen vor dem Versanden. Der zwei Jahre später beginnende Siebenjährige Krieg unterbrach allerdings die Arbeiten wieder. Im Zuge der Kampfhandlungen wurden die Hafenanlagen zerstört und mussten nach Kriegsende erneut aufgebaut werden.

Die Innen- und Wirtschaftspolitik Preußens in der ersten Hälfte des 18. Jahrhunderts stand ganz im Zeichen der damals herrschenden Lehre des Merkantilismus. Dessen Ziel war eine möglichst weitgehende Autarkie des Staates durch den Auf- und Ausbau einer staatlich gelenkten Wirtschaft. Diese Politik setzte sich auch nach dem Ende des Siebenjährigen Krieges fort.

Der Siebenjährige Krieg

Eine jähe Unterbrechung erfuhr der friedliche Aufbau der ersten Jahrzehnte des 18. Jahrhunderts durch den Siebenjährigen Krieg. Diese militärische Auseinandersetzung war im weltweiten Maßstab der Kampf zwischen Großbritannien und Frankreich um die hegemoniale Stellung in Amerika und Asien. Auf dem europäischen Schauplatz ging es um die Neuverteilung der Großmachtstellungen, und im Reich kämpften vor allem Österreich und Preußen um die Vormacht. Dabei verbanden sich Österreichs Interessen, bedingt durch das Kaisertum der Habsburger, mit denen des Reichs. Preußen ging es vor allem um die Sicherung der bereits in den ersten beiden Schlesischen Kriegen erworbenen neuen Besitzungen im Südosten.

Pommern war in diesem Krieg nur ein Nebenschauplatz. In Hinterpommern operierten zeitweilig russische Verbände, die in erster Linie die Festung Kolberg mehrfach belagerten. In Vorpommern waren es die schwedisch-preußischen Auseinandersetzungen, die das Geschehen der Jahre 1757 bis 1762 bestimmten. Große Schlachten wurden dabei aber nicht geschlagen. Ganz treffend bezeichnete man die Operationen auf dem vorpommerschen Kriegsschauplatz daher auch als Detachement (= Milizen)- oder Kleinkrieg.

Die Odermündungsinseln spielten hierbei wegen ihrer strategischen Lage ebenso wie in den vorangegangenen Kriegen eine bedeutende Rolle. Die Schanzen bei Peenemünde und an der Swinemündung bewachten die Oderausflüsse. Wer sie besaß, kontrollierte daher auch den Schiffsverkehr in das und aus dem Haff und damit auch den Seeverkehr Stettins, der preußischen Hauptfestung am Unterlauf der Oder. Die Kampfhandlungen begannen im September 1757 mit der Besetzung durch schwedische Truppen, die fast gleichzeitig von Anklam und von Wolgast aus übersetzten. Die Eroberung der Schanzen als das wichtigste Ziel des Zuges gelang innerhalb weniger Tage. Allerdings würde die Schilderung der Ereignisse der nächsten Jahre zu einer rasch ermüdenden Aufzählung der preußischen Rückeroberungen und erneuten schwedischen Besetzungen von Insel und Schanzen führen. Wichtig war den Schweden offensichtlich die Zerstörung des Fahrwassers in der Swine. Gleich nach dem ersten Einmarsch versenkten sie mehrere Schiffe, um den neuen, noch namenlosen Hafen unbrauchbar zu machen. Dies gelang ihnen letztlich aber ebenso wenig wie die dauerhafte Besetzung der Insel.

Dagegen steht der Kampf um Usedom und Wollin während des Siebenjährigen Krieges für Preußen in gewisser Weise für den Beginn des Seekrieges. Der preußische Kommandant von Stettin, der Herzog von Braunschweig-Bevern, ließ 1759 aus Schiffen der Stettiner Kaufleute und der Fischer des Haffumlandes eine Flotte zusammenstellen. Diese bestand aus vier größeren Schiffen (Galioten), vier Galeeren und vier kleineren Fahrzeugen und zählte alles in allem rund 550 Mann Besatzung. Aufgabe der Flotte war die Sicherung des Haffausgangs durch den Peenestrom. Da die großen Kriegsschiffe der schwedischen Hauptflotte im Haff nicht operieren konnten, kam schwedischerseits auch nur die so genannte Schären- oder Armeeflotte zum Einsatz. Deren Fahrzeuge – ebenfalls Galeeren – konnten sowohl mit Segeln als auch mit Rudern angetrieben werden. Zahlenmäßig waren die Schweden mit 14 Schiffen und rund 1650 Mann weit überlegen. Auch hinsichtlich der Artillerie gab es für sie einen Vorteil, verfügten sie doch über ca. 250 Geschütze gegen 120 auf preußischer Seite.

Am 10. September 1759 fand an der schmalsten Stelle des Haffs zwischen Woitziger und Repziner Haken die erste See-

Oberes Bollwerk von Swinemünde. Stahlstich von Rosmäsler 1837. Bildgeber: Hellmut Hannes, Beedenbostel

schlacht Preußens statt. Sie dauerte ungefähr sieben Stunden und endete mit einem Sieg der überlegenen schwedischen Kräfte. Lange Zeit unentschieden gab die Eroberung zweier preußischer Galeeren den Ausschlag für den Rückzug der preußischen Flotte. Vorangegangen war der Seeschlacht wenige Tage vorher die erneute Eroberung von Swinemünde. Nun, nach dem Seesieg, konnte auch die Nachbarinsel Wollin erobert werden, was am 15. September 1759 gelang und in Stockholm große Freude auslöste.

Die schwedische Besetzung der Insel dauerte mit kurzen Unterbrechungen noch bis zum Dezember 1761. Ein Rückeroberungsversuch durch den preußischen General von Manteuffel im Januar 1760 schlug fehl. Doch nach dem Thronwechsel in Russland war Schweden plötzlich ohne Verbündeten, und da es den Krieg die ganzen Jahre schon recht halbherzig und ohne wirklich ersichtlichen Plan geführt hatte, stellte es zum Jahresende 1761 die Kampfhandlungen ein. Auf der Grundlage des Stockholmer Friedens von 1720 wurde nach mehrmonatigen Verhandlungen am 22. Mai 1762 der Hamburger Frieden zwischen Schweden und Preußen geschlossen. Er stellte den status quo ante wieder her.

Retablissement und innere Verhältnisse in der zweiten Hälfte des 18. Jahrhunderts

Territoriale Veränderungen hatte der Siebenjährige Krieg in Vorpommern nicht gebracht. Die direkten Zerstörungen hielten sich ebenfalls in Grenzen. Sie betrafen vor allem die beiden strategisch wichtigen Punkte Peenemünde und Swinemünde. Die Peenemünder Schanze wurde auch nach dem Krieg nicht wieder aufgebaut. Um so schwerer waren jedoch die durch Einquartierung, Durchmärsche und zusätzliche Steuern hervorgerufenen finanziellen und wirtschaftlichen Schäden. Der wirtschaftlichen Gesundung des Landes galt in den Jahren nach dem Krieg das Hauptaugenmerk der preußischen Politik unter Friedrich II.

Wiederaufgenommen wurden die Arbeiten am neuen Hafen in Swinemünde. Die im Zuge des Hafenausbaus ansässig gewordenen Siedler vereinigten sich 1764 zu einer im rechtlichen Sinne „ordentlichen Bürgerschaft". Am 3. Juni 1765 wurde der Siedlung an der Swinemündung der Charakter einer Immediatstadt verliehen. Im selben Jahr bekam die neue Stadt das Dorf Westswine als Grundbesitz geschenkt. Zu diesem Zeitpunkt zählte Swinemünde bereits 121 Haushalte mit über 150 Familien. Der Hafen florierte und ließ die Bevölkerung rasch wachsen, so dass am Ende des 18. Jahrhunderts bereits rund 2 000 Einwohner in dieser jüngsten Stadt Pommerns lebten. Sie begann bereits damals dem altehrwürdigen Usedom den Rang als größter und wichtigster Ort der Insel abzulaufen.

Im Osten der Insel gab es südlich des Gothensees ein großes, landwirtschaftlich nur schlecht nutzbares Feuchtgebiet, das Thurbruch. Man nimmt heute an, dass dieses Gebiet zur Zeit des deutschrechtlichen Landesausbaus wahrscheinlich trockener und damit besser nutzbar gewesen war. Die Klimaverschlechterung der frühen Neuzeit, auch als kleine Eiszeit bekannt, sowie die ungünstigen Abflussverhältnisse des Gothensees führten jedoch zu einer stärkeren Durchfeuchtung des Gebietes. Die Anstauung des Aal-Beeks (Aalbachs) für eine 1700 in Betrieb genommene Wassermühle verschlechterte die Grundwasserverhältnisse noch zusätzlich. Für die umliegenden Dörfer bedeutete die zunehmende Vernässung der Flächen in erster Linie eine Beeinträchtigung der Viehhaltung, da Weide und Rauhfutterwerbung eingeschränkt wurden. Entsprechende Hinweise geben bereits die Anmerkungen der schwedischen Landmesser in den Dorfbeschreibungen von 1693.

Bereits in der Mitte des 18. Jahrhunderts hatte man versucht, durch die Anlegung eines Grabens, der nach dem damaligen Landbaumeister Knüppel Knüppelgraben genannt wurde, Abhilfe zu schaffen, allerdings ohne Erfolg. 1769 war der von König Friedrich II. 1762 mit dem Retablissement (= Wiederherstellung, hier im Sinne von Rekultivierung) in Pommern und der Neumark betraute Franz Balthasar Schönberg von Brenckenhoff vor Ort und leitete eine neue Phase der Trockenlegung des Bruchs ein. Im Zentrum stand die Verbesserung der Abflussverhältnisse von Gothen- und Kachliner See durch den Aal-Beek. Die dort befindliche Mühle wurde aufgekauft und stillgelegt sowie das Aalwehr als zusätzliches Hemmnis beseitigt. Zur weiteren Überwachung und Instandhaltung des Abflusses setzte man am Unterlauf des Aal-Beeks vier Kolonisten an. Nach dem Bau der Wassermühle kann dies also als der zweite Gründungsakt eines neuen Ortes auf der Insel angesehen werden, der seinen Namen nach dem Bach erhielt: Ahlbeck. Eine zweite Kolonie entstand am Ostrand des Bruchs zwischen Korswandt und Zirchow und erhielt nach einem ebenfalls beteiligten Kriegs- und Departementsrat Ulrich den Namen Ulrichshorst.

Bereits vor dem Siebenjährigen Krieg war auf Grund der schlechten Voraussetzungen vor Ort das alte Bauerndorf Zitz im Nordwesten der Insel abgebrochen und an anderer Stelle als Vorwerk und Kolonistensiedlung neu angelegt worden. Der neue Ort erhielt den Namen Zinnowitz, wollte sich aber auch nicht so recht entwickeln, woran in erster Linie die für die Landwirtschaft ungünstigen Bodenverhältnisse schuld waren. Der Adel erhielt zum Wiederaufbau und zur wirtschaftlichen

Verbesserung seiner Güter ab 1772 so genannte königliche Gnadengelder, die mit äußerst niedrigen Zinssätzen als „onus publicum" (= öffentliche Lasten) in das Hypothekenbuch eingetragen wurden. In gewisser Weise war diese finanzielle Hilfe ein Ausgleich für das vom König bereits 1749 verbotene weitere Bauernlegen nach dem Siebenjährigen Krieg. Die Verminderung von Bauernstellen hätte das der preußischen Militärverfassung zugrundeliegende Kantonssystem ausgehebelt. Die Anzahl der von den Kanton genannten Militärbezirken zu stellenden Rekruten berechnete sich nach den Bauernstellen, die bei der Einführung des Systems in den vierziger Jahren des 18. Jahrhunderts vorhanden waren. Anders als auf den adligen Gütern im benachbarten Schwedisch-Pommern auf der anderen Seite des Peenestroms kam es deshalb auf Usedom im letzten Viertel des 18. Jahrhunderts zu keiner neuen Welle der Vergüterung auf Kosten der Bauernstellen. Dies und die Dominanz des königlichen Amtes Pudagla unter den Grundbesitzern erhielt der Insel einen zahlreichen Bauernstand.

Die adligen Bauern verblieben in der Regel weiterhin in dem der Leibeigenschaft ähnlichen Status der Erbuntertänigkeit und besaßen ihre Höfe meist auch nur nach lassitischem Recht. Auf den königlichen Besitzungen fanden dagegen im 18. Jahrhundert bereits bedeutsame Veränderungen statt. Eine schon 1719 versuchsweise Aufhebung der Leibeigenschaft der Domänenbauern in Hinterpommern bei Übertragung des vollen Eigentums an den Höfen scheiterte an den fehlenden finanziellen Mitteln der Betroffenen zum Kauf der Höfe und wurde deshalb nicht wiederholt. In Vorpommern hatte man daher solch einen Versuch nach 1720 gar nicht unternommen. Erst ab 1777 bekamen die dortigen Domänenbauern, so auch die des Amtes Pudagla, schrittweise das volle Erbrecht an ihren Höfen. Im Verein mit der seit Ende des 18. Jahrhunderts wieder eingeführten Vererbpachtung bildete sich somit bereits vor den Agrarreformen des frühen 19. Jahrhunderts auf den königlichen Besitzungen ein kaum noch zu bestreitendes Besitztum der Bauern an ihren Grundstücken heraus. Freie

Leute mit vollem Besitzrecht an ihren Stellen waren hingegen von Anfang an die meisten Kolonisten der im 18. Jahrhundert neu angelegten Siedlungen.

Die Gewährung der königlichen Gnadengelder für den Wiederaufbau der adligen Güter weist noch auf ein anderes Problem hin, vor dem der Adel stand, die Kreditierung seines Grundbesitzes. Bis zum Ende des 18. Jahrhunderts waren es ausschließlich private Geldgeber, bei denen der grundbesitzende Adel Kredite bekommen konnte. Einen wesentlichen Fortschritt und eine Erleichterung stellte in dieser Hinsicht die Gründung der so genannten Landschaft als ritterschaftliches Kreditinstitut des preußischen Pommerns mit Sitz in Stettin 1781 dar. Die Rittergüter waren Mitglieder dieser Vereinigung und hafteten in ihrer Gesamtheit für die ausgegebenen Kredite. Beliehen werden konnten die Güter bis zu 2/3 ihres Taxwertes. Die Summen wurden ins Hypothekenbuch eingetragen und äußerst moderat verzinst. Eine Tilgung war nicht vorgesehen. Bis zu ihrer Zwangsvereinigung mit der Neuen Pommerschen Landschaft 1934 blieb die Landschaft ein Institut, das in erster Linie den Großgrundbesitz finanzierte.

Die bereits seit der ersten Hälfte des 18. Jahrhunderts laufenden Bemühungen der Krone um die Umwandlung der Lehnsbesitzungen in Allodialgüter zeitigten auf Usedom ganz im Gegensatz zum übrigen preußischen Vorpommern ziemliche Erfolge. Dies beruhte darauf, dass die Allodifikation, deren Kern die Übertragung des Gutes zu vollem Eigentum darstellte, vom Besitzer selbst beantragt werden musste. Das geschah meist nur dann, wenn man sich einen Vorteil davon versprach, etwa wenn keine männlichen Erben vorhanden waren, da die weiblichen Erben bei Weiterbestehen des Lehncharakters schlechter gestellt wären, oder wenn es als Nebenbesitz veräußert werden sollte. 1747 wurde deshalb die noch im Besitz der schwedisch-pommerschen Familie der Müller von der Lühnen befindliche Mellenthinsche Begüterung allodifiziert. Anschließend erwarb sie der Verchener Amtshauptmann Bleichert Peter von Meyenn in öffentlicher Licentation (= Versteigerung). Vier Jahre später wurde das

alte Schwerinsche Gut Stolpe allodifiziert, um den Übergang
an den Schwiegersohn des letzten Stolper Schwerin, den Landrat des Usedomer und Wolliner Kreises Gregorius Friedrich
von Schmalensee, zu ermöglichen. Dies erfolgte nach einem
1754 abgeschlossenen Vergleich des von Schmalensee mit den
übrigen Töchtern des von Schwerin. Als drittes allodifizier-
tes Gut bestand bereits seit 1726 Ostklüne. Dagegen verblieben die von Lepelschen Besitzungen auf dem Gnitz und die
von Borkeschen Güter um Krienke weiterhin als Lehen und
wurden erst im 19. Jahrhundert allodifiziert.

Auf Grund der sorgfältigen Beschreibungen des preußischen
Pommerns durch den Stettiner Konsistorialrat Ludewig Wilhelm Brüggemann liegen für die Zeit um 1800 auch erstmals
zuverlässige statistische Angaben für die Insel vor. Das königliche Amt Pudagla bestand 1798 aus 49 Dörfern, elf Vorwerken und vier Meiereien. In diesen Ortschaften wohnten in
1 105 Haushalten insgesamt 5 851 Menschen. Das Amt hatte
das Patronat über neun Kirchen und es befanden sich in den
Ortschaften eine Ziegelei, ein Teerofen, elf Windmühlen
sowie neun Schankkrüge. Der adlige Kreis Usedom hingegen
bestand 1798 aus 16 Dörfern und zwölf Vorwerken, in denen
in 271 Haushalten bzw. Feuerstellen nur 1 482 Menschen
lebten. Der Adel hatte das Patronat über drei Kirchen. Vier
Ziegeleien, ein Teerofen, drei Windmühlen und zwei Schankkrüge gehörten ebenfalls zum adligen Kreis. Für die beiden
Städte gibt Brüggemann folgende Zahlen für 1798 an:
Swinemünde hatte 2 177 Einwohner, 309 Häuser, davon 288
mit Ziegel- und 21 mit Stroh- bzw. Schindeldach, eine evan-
gelische und eine katholische Kirche sowie 141 Scheunen.
Usedom hatte lediglich 905 Einwohner, 192 Häuser, davon
2 ganz massiv, 177 ziegelgedeckte und 13 mit Stroh- bzw.
Schindeldach. Zwei Kirchen und 60 Scheunen komplettier-
ten den Gebäudebestand. Außerdem besaßen beide Städte
noch je ein Kämmereidorf, Westswine bzw. Paske. Westswine hatte 145 Einwohner in 15 Haushalten, Paske nur 30
Einwohner in neun Haushalten bzw. Feuerstellen. In den Auf-
stellungen fehlt lediglich das zur schwedisch-pommerschen

Stadt Wolgast gehörende Kämmereidorf Peenemünde mit dem Vorwerk Gaatz. Hierfür liegen erst Zahlen von 1822 vor, die 291 Einwohner für Peenemünde und 21 Einwohner für Gaatz angeben.

Französische Besetzung und Kolonialsperre

In der Doppelschlacht von Jena und Auerstedt erlitt Preußen im Oktober 1806 eine verheerende militärische Niederlage gegen Napoleons Truppen. Wenige Tage später erreichten die vor den Franzosen fliehenden Truppen über Anklam und Wolgast die Insel. Ihnen folgten bereits im November Besatzungstruppen der Siegermacht, die sich aus nationalfranzösischen Kontingenten und Soldaten der verbündeten Rheinbundstaaten zusammensetzten. Wie in den früheren Kriegen entstand die größte Belastung der Bevölkerung wieder durch die Versorgung der einquartierten Truppen und die Zahlung der zusätzlich auferlegten Steuern und Abgaben. Die Geldnot zwang einmal mehr zur Veräußerung von Domänen. 1811 wurde deshalb Zinnowitz an den Geheimrat Krause aus Swinemünde verkauft. Krause war maßgeblich an der Finanzierung der Kriegskosten auf der Insel beteiligt. Man könnte ihn auch als Kriegsgewinnler bezeichnen. Loddin wurde ein Jahr später aufgeteilt und an vier Bauern in Erbpacht ausgegeben.

Militärische Auseinandersetzungen im eigentlichen Sinne fanden kaum statt. Als im Dezember 1806 nur noch eine kleine badische Besatzung in Swinemünde zurückgeblieben war, wurde sie von einer Abteilung des Majors Schill am 14. Dezember überfallen und gefangen genommen. In den Auseinandersetzungen zwischen Schweden und Frankreich im Frühjahr 1807 kam es im April kurzzeitig zu einer letzten schwedischen Besetzung der Insel. Der zu der Zeit sich in Swinemünde aufhaltende Schill hatte bereits kühne Feldzugspläne entworfen, musste sich jedoch nach Abschluss des Friedens von Tilsit im Juli 1807 ebenso wie der in Schwedisch-Pommern operierende Blücher nach Kolberg zurückziehen.

Zwischen Juli 1807 und November 1809 wechselten sich Besatzungstruppen verschiedener Verbündeter Frankreichs – Bayern, Thüringer, Italiener – und Franzosen selbst ab. Preußische Truppen kamen erst am 1. April 1809 wieder von Kolberg aus auf die Insel. Im Juni sammelten sich in Swinemünde die Überlebenden von Schills Truppe, die aus Stralsund entkommen waren. Sie wurden verhaftet und in Usedom, Wollin und Swinemünde bis zu ihrer – allerdings recht glimpflichen – Aburteilung im August in Gewahrsam gehalten.

Schwer traf gerade die Hafenstadt Swinemünde die bereits 1806 gegen England verhängte Kontinentalsperre. Der diesbezügliche Höhepunkt wurde mit der erneuten französischen Besetzung im Jahre 1812 erreicht. Nächtlicher Schmuggelhandel der Swinemünder Schiffer und die Bestechung der französischen Beamten ließen wenigstens einen geringen Warenverkehr zu. Die Wende des Krieges kam mit dem für Frankreich katastrophal endenden Russlandfeldzug 1812/13. Wie überall in Preußen wurden im Frühjahr 1813 nach dem Abzug der Franzosen auf Usedom Landwehr und Landsturm gebildet. Zahlreiche Freiwillige dienten in den regulären Truppen und nahmen an den Feldzügen der Jahre 1813 bis 1815 teil. Man hat später berechnet, dass rund 750 Usedomer zu den Waffen geeilt waren, was ungefähr den achten Teil der damaligen Inselbevölkerung ausmachte.

Kunst und Architektur des 17. und 18. Jahrhunderts

Im 17. und 18. Jahrhundert dominierte überwiegend der Barock als Kunststil. Er hat aber auf der Insel nur wenige Zeugnisse hinterlassen. Dies ist zusätzlich ein Zeichen für die damaligen unsicheren Verhältnisse, die von immer wiederkehrenden Kriegen geprägt waren. Hinzu kam eine bis weit in das 18. Jahrhundert andauernde wirtschaftliche und demographische Krise. Gerade das 17. Jahrhundert wird gern als das Zeitalter der Kriege und Krisen bezeichnet, ganz im Gegensatz zum vorangegangenen 16. Jahrhundert, das eine Zeit des wirtschaftlichen Aufschwungs und zumindest in Norddeutschland auch des Friedens war. Somit gestalteten sich die Ausgangsbedingungen für die Entfaltung von Kunst und Kultur ganz anders.

Neue barocke Herrenhäuser wurden in dieser Zeit nicht gebaut bzw. haben sich nicht erhalten. Mellenthin und Stolpe als die wohl bedeutendsten genügten anscheinend weiterhin den Ansprüchen ihrer Besitzer und erhielten nur mehr oder weniger umfangreiche Um- und Anbauten. In Mellenthin errichtete man im 17. Jahrhundert die Seitengebäude, so dass eine für den Barock typische Dreiflügelanlage entstand. Die von Borcke verlagerten seit dem Ende des 17. Jahrhunderts ihren Schwerpunkt von der Insel auf das gegenüberliegende Festland. Mit der Erwerbung der alten Wasserburg Altwigshagen südöstlich von Anklam durch den bereits erwähnten schwedisch-pommerschen Hofgerichtsdirektor Georg Friedrich von Borcke in der Mitte des 17. Jahrhunderts entstand dort in der Folge ein umfangreicher Grundbesitz in der Hand der Familie, der auch als der „Borckewinkel" bezeichnet wurde. Krienke sank daher im 18. Jahrhundert zum Nebengut ab, da jetzt Altwigshagen der Mittelpunkt geworden war.

In der Stadt Usedom haben sich noch einige Gebäude des 18. Jahrhunderts erhalten. Ein typischer Bau des späten 18. Jahrhunderts ist das Usedomer Rathaus. Möglicherweise verbergen sich hinter einigen modernisierten Fassaden aber auch noch weitere bzw. noch ältere Gebäude. Die Hausforschung in den Kleinstädten Norddeutschlands steckt erst in den Anfängen und mag hier künftig noch manche Entdeckung bieten. Gleiches gilt übrigens auch für viele Gebäude in den Dörfern. Wenn auch Usedom nicht zu den Gegenden zählt, die für alte Bauernhäuser, insbesondere die für Norddeutsch

Das Wasserschloss Mellenthin auf einer Chromolithographie von Duncker (Mitte des 19. Jahrhunderts).
Repro: Thomas Helms

land so typischen Hallenhäuser, bekannt ist, wird sich doch an der einen oder anderen Stelle noch ein Haus des 18. Jahrhunderts erhalten haben. In den alten Fischerdörfern an der Haffküste gibt es noch so manchen alten rohrgedeckten Katen, der sicher ein beträchtliches Alter aufzuweisen hat.

In Swinemünde sind aus der Anfangszeit der Stadt keine Gebäude mehr anzutreffen. Die im Kern aus dem 18. Jahrhundert stammende Kirche wurde im 19. Jahrhundert umfassend umgestaltet. Sie glich, zeitgenössischen Berichten nach zu urteilen, in ihrer ursprünglichen Form wohl eher einem Lager- als einem Gotteshaus. Ganz vom Ende unseres Betrachtungszeitraums, vom Beginn des 19. Jahrhunderts, stammt das Alte Rathaus von Swinemünde, das seinen charakteristischen Dachreiter erst einige Jahre später erhielt. Dort war ab 1931 das Kreisheimatmuseum von Usedom-Wollin untergebracht und seit 1974 beherbergt es wieder eine, offiziell als Fischereimuseum bezeichnete museale Einrichtung.

Kirchen wurden außer in Swinemünde und der in einem der neuerbauten Seitenflügel untergebrachten Mellenthiner Schlosskapelle nicht errichtet. Die Kirche in Morgenitz musste nach einem teilweisen Einsturz 1764 umfassend wiederhergestellt werden und erhielt damals ihre jetzige Gestalt. Große Teile der Innenausstattung stammen hier wie auch in den anderen älteren Kirchengebäuden der Insel aus der Zeit des Barock. Kanzeln, Gestühle und Emporen sind häufig im 17. oder 18. Jahrhundert erneuert worden und präsentieren sich heute in ihrer damaligen Formensprache dem Besucher. Beliebt war im Barock die Verwendung von allegorischen Darstellungen. Ein sehr schönes Beispiel ist ein Bild auf der Brüstung der um 1750 errichteten Empore der Mellenthiner Kirche. Es zeigt einen Pfarrer, der eine Gruppe schwarzer Raben mit Wasser aus einer Gießkanne übergießt und den Spruch: *„Ach Ach, Schwartz vor alß nach"*.

Als Künstler, der in verschiedenen Usedomer Kirchen in der zweiten Hälfte des 18. Jahrhunderts wirkte, hat sich auf der 1777 fertiggestellten Kanzel der Morgenitzer Kirche Peter Christoph Hirte verewigt. In Morgenitz findet sich auch ein sehr schönes Beispiel für die sonst nicht mehr nachweisbare Verwendung so genannter Totenbrettchen als einer Form der Memorialkultur der frühneuzeitlichen Landbevölkerung. Die meist adligen Patrone ließen sich neben repräsentativen Patronatsgestühlen auch in Weiterentwicklung der Grabdenkmäler der Renaissance kunstvolle Epitaphien errichten. Ein solches befindet sich für den 1747 verstorbenen Christian Carl von Lepel in der Kirche von Netzelkow.

Die Benzer Kirche wurde in der Mitte des 17. Jahrhunderts von dem damaligen schwedischen Amtshauptmann Peter Appelmann im Innern neu ausgestattet. Er ließ dann für sich und seine Gemahlin auch ein Erbbegräbnis in der Kirche anfertigen. Der prunkvolle Sarg der Frau, einer geborenen von Rehnskiöldt aus dem Hause Griebenow, wurde zu Beginn des 20. Jahrhunderts in das Kreisheimatmuseum nach Swinemünde gebracht und ausgestellt. Er ist, ebenso wie die gesamte übrige Ausstattung des Museums, seit dem Kriegsende ver-

schollen. Eine Schwester von Appelmanns Gemahlin heirate-
te den Usedomer Adligen Paul Wedige von Borcke auf Krienke und wurde zusammen mit ihrem Gemahl in dem Erbbegräbnis in der Morgenitzer Kirche beigesetzt.

DIE ZEIT DER PREUSSISCHEN PROVINZ POMMERN (1815 BIS 1945)

Verfassung und Verwaltung

Die militärische Katastrophe Preußens 1806 offenbarte einen umfassenden Reformbedarf, der bereits im folgenden Jahr in Angriff genommen wurde und schließlich bis in die beginnenden zwanziger Jahre des 19. Jahrhunderts nahezu alle Bereiche der Gesellschaft erfasste. Einen wesentlichen Teil davon betraf die Reorganisation der Verwaltung auf allen Ebenen. Bereits 1808 ersetzte man die Kriegs- und Domänenkammern als bisherige Hauptbehörde der inneren Verwaltung der einzelnen Landesteile durch Bezirksregierungen. Mit einer Verordnung vom 30. April 1815 wurden die den Ministerien in Berlin direkt unterstehenden Bezirksregierungen unter weitgehender Berücksichtigung der historisch gewachsenen Landesteile Preußens zu Provinzen zusammengeschlossen. Als eine dieser neuen Provinzen entstand die Provinz Pommern, welche durch den ebenfalls 1815 erfolgten Erwerb des noch verbliebenen Schwedisch-Pommerns im Großen und Ganzen das Gebiet des alten Greifenherzogtums umfasste. Sie gliederte sich – endgültig aber erst seit 1818 – in die drei Regierungsbezirke Stettin, Köslin und Stralsund mit Stettin als Provinzhauptstadt. Eine Änderung ergab sich erst 1932, als der Regierungsbezirk Stralsund aufgelöst und dem Regierungsbezirk Stettin angegliedert wurde. Sechs Jahre später erfolgte mit der Angliederung der so genannten Grenzmark Posen-Westpreußen – den Restgebieten der durch die Grenzziehung von 1919 erheblich verkleinerten Provinzen Posen und Westpreußen – eine letzte territoriale Veränderung der Provinz Pommern. Die Insel Usedom gehörte während des gesamten Zeitraumes zum Regierungsbezirk Stettin. Unterhalb der Regierungsbezirke fasste man zwischen 1815 und 1818

die bisherigen, sich zum Teil überschneidenen und unüber-
sichtlich gewordenen land- und steuerrätlichen Kreise des
18. Jahrhunderts zu neuen, territorial geschlossenen Landkreisen zusammen. Die beiden Nachbarinseln Usedom und
Wollin wurden im Zuge dieser Vereinheitlichungen zum
neuen Landkreis Usedom-Wollin mit der Kreisstadt Swinemünde zusammengeschlossen. Damit vollendete sich eine
bereits im 18. Jahrhundert mit der Personalunion des ritter-
schaftlichen Landrates für die beiden damaligen landrätlichen
Kreise Usedom und Wollin eingeleitete Entwicklung. Als
offizielles Gründungsdatum des neuen Kreises kann der
1. Januar 1818 gelten, als die neue Kreiseinteilung in Kraft trat.

Zentrale Behörde für die Verwaltung der Landkreise
wurde das Landratsamt mit dem Landrat an der Spitze. Letzterer behielt nicht nur die alte Bezeichnung des 18. Jahrhunderts, sondern auch seine Zwitterstellung als Vertreter der im
Kreis ansässigen Stände und vom König eingesetzter Beam-
ter. Die Kontinuität kam nicht zuletzt dadurch zum Ausdruck,
dass der erste Landrat des neuen Landkreises bereits vorher
ritterschaftlicher Landrat der alten Kreise Usedom und
Wollin gewesen war. Sitz des Landratsamtes wurde das wegen
seiner zentralen Lage günstig situierte Swinemünde, das in der
ersten Hälfte des 19. Jahrhunderts den beiden alten Städten
der Inseln, Usedom und Wollin, endgültig den Rang als wichtigster Ort ablief. Der wohl bedeutendste Landrat des 19. Jahrhunderts war der von 1842 bis 1882 amtierende Ludwig
Hermann Ferno, Besitzer des Rittergutes Ostklüne bei
Usedom. Ihm zu Ehren wurde die „Ferno-Stiftung" errichtet, deren Erträge der Unterstützung gemeinnütziger und
wohltätiger Vorhaben dienen sollten.

Die preußische Kreisordnung von 1825 regelte die Verfassung und Verwaltung der Landkreise. Sie entstand bereits im
Geist der inzwischen wieder die Gesellschaft bestimmenden
Restauration, welche die Reformära in Preußen beendete und
zahlreiche althergebrachte ständische Privilegien für Jahrzehnte verankerte. Dies betraf in erster Linie die Zusammen-
setzung des Kreistages als das damalige kommunale Parlament.

Er bildete weiterhin eine Versammlung der, meist adligen, Rittergutsbesitzer, die automatisch durch die Rittergutsqualität ihres Besitzes Kreistagsmitglied wurden. Hinzu kamen die Abgeordneten der Städte und des Bauernstandes. Allgemeine Wahlen im heutigen Sinne fanden nicht statt. Diese noch stark landständisch geprägte Verfassung fand ihre Fortsetzung beim pommerschen Provinziallandtag und dem preußischen Landtag. Erst in der zweiten Hälfte des 19. Jahrhunderts kam es hier zu einer Demokratisierung. Während die umfassenden Reformen im Umfeld der Revolution von 1848 in Preußen bereits wenige Jahre später wieder größtenteils zurückgenommen wurden, brachten die so genannten Gneist-Eulenburgschen Reformen der siebziger Jahre des 19. Jahrhunderts bedeutende Veränderungen. Eine Neugestaltung von Verfassung und Verwaltung der Landkreise brachte die 1872 erlassene neue Kreisordnung für die sechs östlichen Provinzen der preußischen Monarchie, darunter auch für Pommern.

Der Landrat musste nun nicht mehr zwingend ein im Kreis angesessener Rittergutsbesitzer sein, stattdessen war eine wesentlich verbesserte juristische Ausbildung gefordert. Die letztendliche Entscheidung über die Besetzung des Postens behielt sich der König vor. Darin trat die Eigenschaft des Landrates als Staatsbeamter noch deutlicher zutage als vorher. Die kommunale Selbstverwaltung nahm weiterhin der Kreistag wahr, der jetzt auf der Basis des Dreiklassenwahlrechts gewählt wurde. Der Einfluss der kreisansässigen Rittergutsbesitzer verminderte sich dadurch erheblich. Erst nach 1918 schaffte man das die unteren sozialen Gruppen trotzdem noch stark benachteiligende Dreiklassenwahlrecht ab. Für die eigentliche Geschäftsführung der kommunalen Selbstverwaltung zeichnete der Kreisausschuss, bestehend aus dem Landrat und sechs Deputierten des Kreistages, verantwortlich. Der Landrat blieb daneben aber weiterhin untere staatliche Verwaltungsinstanz.

Die Aufgaben von Landrat und Kreisverwaltung waren bis zum Erlass der Kreisordnung von 1872 nur sehr allgemein formuliert. Als untere staatliche Behörde hatte der Landrat außer der Justiz eigentlich sämtliche Verwaltungsaufgaben in seinem Bezirk wahrzunehmen. Vor allem Polizei- und Ordnungsaufgaben im umfassenden Sinne gehörten zu seinem Geschäftsbereich. Der Spielraum des Kreistages als kommunale Selbstverwaltungskörperschaft war bis 1872 stark eingeschränkt, denn jeder Kreistagsbeschluss musste vom Regierungspräsidenten, also der übergeordneten staatlichen Verwaltungsbehörde, genehmigt werden. Erst die neue Kreisordnung übertrug dem Kreistag bzw. dem Kreisausschuss als dem ausführenden Organ zahlreiche bisher staatliche Aufgaben. Hierzu zählten insbesondere das Armenwesen, Teile des Wegebaus, die Feuer-, Feld- und Baupolizei, die öffentliche Gesundheitspflege, das ländliche Schulwesen und die Parzellierungen.

Noch eine Stufe darunter stand die kommunale Selbstverwaltung der Städte und ländlichen Siedlungen. Bereits 1808 hob die Städteordnung die im 18. Jahrhundert stark ausgebaute staatliche Bevormundung der städtischen Kommunen auf und gab ihnen weitreichende Befugnisse zur Selbstverwaltung. Allerdings beruhte diese weiterhin lange Zeit auf der Grundlage der so genannten Bürgergemeinde, d.h. nur diejenigen Einwohner, die das Bürgerrecht besaßen, waren auch politisch voll handlungsfähig. Die sich aus diesen zusammensetzende Stadtgemeinde wählte den Magistrat als die geschäftsführende Stadtverwaltung. Die wichtigsten, in kleineren Städten häufig die einzigen Bediensteten waren der Bürgermeister und der Kämmerer. Swinemünde als relativ große Stadt hatte darüber hinaus bereits in der Mitte des 19. Jahrhunderts weitere Unterbeamte für die einzelnen Verwaltungszweige. Die 1853 erlassene Städteordnung für die sechs östlichen Provinzen stellte lediglich eine Anpassung an die veränderten Verhältnisse dar und änderte im wesentlichen nichts. So blieb es bis zum preußischen Gemeindeverfassungsgesetz von 1933 bzw. der Deutschen Gemeindeordnung von 1935, die beide wiederum die Selbstverwaltungskompetenzen der Städte stark einschränkten und einer grundlegenden staatlichen Kontrolle unterwarfen.

Auf dem flachen Land unterschied man entsprechend der Betriebsverfassung der Siedlungen Gutsbezirke und Landgemeinden. Gutsbezirk war die Bezeichnung für den zu einem Gut – entweder Rittergut oder staatliche Domäne – gehörenden Verwaltungsbezirk. Sie bestanden bis zur endgültigen Auflösung 1928. Damals gab es auf der ganzen Insel noch 21 Gutsbezirke, die dann je nach Größe und Lage entweder in eigene Landgemeinden umgewandelt oder mit benachbarten Landgemeinden zusammengeschlossen wurden. Die Landgemeinden gab es bis dahin nur in den Bauern- und Fischerdörfern. In den Gutsbezirken nahm der Gutsbesitzer sämtliche Verwaltungsaufgaben, soweit er sie nicht delegierte, selbst wahr, in den Landgemeinden war der Schulze mit der Verwaltung betraut. Die Schulzen wurden bis zur Mitte des 19. Jahrhunderts in der Regel von den Grundherrschaften ernannt. Das waren die Gutsbesitzer in den Dörfern ihrer Privatbesitzungen und das Domänenamt Pudagla bzw. Swinemünde bei den staatlichen Besitzungen. Die Schulzen unterstanden auch noch lange Zeit sowohl ihren Grundherrschaften als auch den übergeordneten staatlichen Verwaltungen. Zu ihren wichtigsten Aufgaben zählten die Verwaltung des Gemeindevermögens, das Feuerlösch- und Armenwesen, aber auch Teile des Schul- und Kirchenwesens sowie die Bestellung und Versorgung von Nachtwächtern, Dorfhirten usw. Erst die bereits erwähnte Kreisordnung von 1872 und dann mit der Landgemeindeordnung von 1891 brachten auch auf dem flachen Land tiefgreifende Veränderungen. Die Schulzen und – in den größeren Gemeinden – die sie unterstützenden Schöffen wurden nun von den Gemeinden gewählt. Ihnen zur Seite stand als zentrales Gremium der kommunalen Selbstverwaltung die Gemeindeversammlung bzw. bei größeren Gemeinden die zu wählende Gemeindevertretung.

Daneben wurde mit den jetzt eingeführten Amtsbezirken eine Neueinteilung der Polizeiverwaltung geschaffen. Mehrere Gemeinden und Gutsbezirke bildeten einen Amtsbezirk mit einem vom Landrat vorzuschlagenden und vom Oberpräsidenten der Provinz zu ernennenden Amtsvorsteher an der Spitze. Diese Reform der Polizeiverwaltung korrespondierte mit einer Neuordnung der Gerichtsverfassung in den siebziger Jahren des 19. Jahrhunderts, die die auch heute im Prinzip noch gültige Einteilung in Amtsgerichte, Landgerichte und Oberlandesgerichte bei der ordentlichen Gerichtsbarkeit schuf. Jeweils mehrere Amtsbezirke bildeten einen Amtsgerichtsbezirk. Auf Usedom gab es zunächst 13 Amtsbezirke, die aber vor allem durch die rasante Entwicklung der Badeorte bis zum Beginn des 1. Weltkrieges auf 16 stieg. Diese verteilten sich auf die zwei Amtsgerichte in Usedom und Swinemünde. Peenemünde gehörte wegen der historischen Verbindung zu Wolgast zum Amtsgerichtsbezirk Wolgast.

Bis zum Erlass des Gerichtsverfassungsgesetzes von 1873 war die Gerichtsbarkeit stufenweise verstaatlicht worden. In der ersten Hälfte des 19. Jahrhunderts war das Amtsgericht nur für den königlichen Besitz zuständig. Daneben gab es noch die städtischen Gerichte und die Patrimonialgerichte der Gutsherren. Diese private bzw. kommunale Gerichtsbarkeit wurde 1848 aufgehoben und man bildete einheitliche Kreisgerichte als unterste Instanz der ordentlichen Gerichtsbarkeit. Daraus gingen dann unter Verkleinerung des Sprengels die neuen Amtsgerichte von 1873 hervor, die im wesentlichen bis zur Gerichtsverfassungreform in der DDR zu Beginn der fünfziger Jahre des 20. Jahrhunderts Bestand hatten.

Durch die nachfolgend noch näher zu behandelnde Bauernbefreiung und Gemeinheitsteilung verminderte sich der Tätigkeitsbereich der Domänenverwaltung ganz erheblich. Sie beschränkte sich seit der Mitte des 19. Jahrhunderts hauptsächlich auf die Verwaltung der dem Fiskus noch verbliebenen Staatsgüter (Domänen) und Forsten sowie der Erhebung von Abgaben, die in den regulierten Ortschaften verblieben waren. Bis zur Neuregelung in den siebziger Jahren des 19. Jahrhunderts gehörten ebenso noch Fragen des Kirchen- und Schulwesens in den Dörfern des ehemaligen staatlichen Grundbesitzes mit zu den Aufgaben der Domänenämter. Das Amt Pudagla, welches über Jahrhunderte die Geschichte der Insel maßgeblich mitbestimmt hatte, zog zu Beginn des 19. Jahrhunderts nach Swinemünde um und existierte dort bis zu seiner Auflösung als Domänenamt weiter.

Die ländlichen Verhältnisse

Auf dem flachen Land herrschten noch, wenn auch bereits vielfach in den Einzelheiten verändert und angepasst, die während der deutschrechtlichen Kolonisation des 13. Jahrhunderts geschaffenen Bedingungen. Deren Hauptbestandteile waren die zur Gutsherrschaft mutierte Grundherrschaft und die Hufenverfassung mit Dreifelderwirtschaft und Flurzwang. Bereits im 18. Jahrhundert mehrten sich zunehmend die Stimmen, die aus wirtschaftlichen oder sozialen Erwägungen heraus eine Veränderung der bestehenden Zustände forderten.

Die mit dem so genannten Oktoberedikt von 1807 eingeleiteten preußischen Agrarreformen zielten daher auch von Anfang an auf zwei Bereiche: die Aufhebung des so genannten gutsherrlich-bäuerlichen Verhältnisses und die Veränderung der Feldflureinteilung durch die so genannten Separationen. Das Ziel der Reformer war die Schaffung eines freien Bauernstandes, der auf eigener Scholle möglichst unabhängig wirtschaftete. Unter den konkreten Voraussetzungen in Preußen zu Beginn des 19. Jahrhunderts konnte dies aber nur um den Preis der Entschädigung der bisherigen Gutsherrschaften erfolgen. Viele Bauern verloren durch die in den Edikten geforderten Landabtretungen bei der Ablösung der Abgaben und Dienste große Teile des bisher von ihnen bewirtschafteten Landes. Die Unzulänglichkeiten der ersten Ablösungsedikte führte zudem dazu, dass ganze Gruppen von Bauern schon allein aus formalen Gründen von der Regulierung ausgeschlossen waren. Erst die abschließenden Edikte aus der Mitte des 19. Jahrhunderts ermöglichten auch ihnen die Befreiung aus der Abhängigkeit vom Gutsherren.

Bis heute wird die Frage kontrovers diskutiert, ob die preußischen Agrarreformen nun eher den Bauern nützten oder doch nicht die Gutsherren durch die Entschädigungen mehr Nutzen daraus gezogen hätten. Dies muss sicher auch regional differenziert beantwortet werden. Während in vielen Gegenden Preußens durch die Landabtretungen ganze Bauerndörfer verschwanden und durch neue Gutsbetriebe ersetzt wurden, hielt sich der Landverlust der Bauern auf Usedom insgesamt gesehen in Grenzen. Dies hatte seinen Hauptgrund darin, dass der größte Gutsherr der Insel der König bzw. der Staat in Gestalt des Amtes Pudagla selbst war. Und dort hatten sich anders als auf den adligen Besitzungen zahlreiche Bauerndörfer gehalten, deren Bauern meist mit erblichen Nutzungsrechten auf ihren Höfen saßen. Deshalb gestaltete sich der Landverlust hier nicht so groß wie bei den Bauern, die ihre Höfe nicht erblich bewirtschafteten, was bei den adligen Besitzungen meist der Fall war. So verschwand etwa das zu Beginn des 19. Jahrhunderts noch bestehende adlige Bauerndorf Dewichow im Zuge der Regulierung um 1820 völlig, und an seiner Stelle entstand ein neues großes Vorwerk.

Wie lief nun die Regulierung konkret ab? Zwei Beispiele sollen dies illustrieren. Stellvertretend für das Domänenamt Pudagla wird zunächst das Dorf Bannemin behandelt. Am 26. Juni 1823 kamen im Pfarrhaus zu Krummin der Amtsrat Leppin als Beauftragter des Fiskus und die Bauern, Büdner und der Müller von Bannemin zusammen und schlossen einen Rezess (= Vergleich), der die Auflösung des bisherigen gutsherrlich-bäuerlichen Verhältnisses regelte. Eine umfassende Regulierung erfolgte jedoch nur für die vier Bauern des Dorfes. Die 33 Büdner und der Müller waren an dem Rezess nur wegen ihrer bisherigen Rechte an der gemeinsamen Dorfweide beteiligt. Den Bauern wurde seitens des Fiskus ein bereits seit 1777 bestehendes erbliches Nutzungsrecht an ihren Höfen anerkannt. Deshalb fielen sie laut der gesetzlichen Regelungen von 1811 und 1816 unter die Klasse der Bauern, die für ihre Ablösung den dritten Teil ihrer Grundstücke abzutreten hatten. Der Banneminer Rezess bestimmte jedoch, dass statt der Landabtretungen von den Bauern Geldzahlungen zu leisten seien, insgesamt 78 Reichstaler preußisch Courant pro Bauernhof und Jahr. Diese waren jährlich zu vier Terminen an die Domänenamtskasse zu zahlen. Dafür blieben die Bauern frei von allen bisherigen Hand- und Spanndiensten sowie Abgaben aller Art an das Domänenamt. Zusätzlich mussten sie aber die so genannte Hofwehr, also den Grundbestand an Vieh, Gerätschaften und Saatgut, der zur Bewirtschaftung des Hofes notwendig war, für 250 Reichstaler 27 Silbergroschen und 6 Pfennig in fünf Raten bis 1828 kaufen. Eine ganze Reihe weiterer Bestimmungen befasste sich mit der Verteilung der öffentlichen Lasten, mit den Rechten der Büdner und des Müllers, mit der Übertragung des Hirtenhauses in das Eigentum der Gemeinde, mit der Nutzung der königlichen Forsten, den Leistungen an Kirche und Pfarre sowie den staatlichen Steuern und Abgaben. Abschließend wurde noch ausdrücklich festgehalten, dass die Jurisdiktion, die Polizei, die Jagd und Fischerei weiterhin dem Fiskus verblieben. Mit dem Vollzug des Rezesses durch das königliche Justizamt Pudagla am 2. Juli 1824 erhielt er endgültige Rechtskraft.

Als Beispiel für die Umwandlung von adligen bzw. privaten Gutsherrschaften soll Stolpe dienen. Dort war zu Beginn des 19. Jahrhunderts ein Bürgerlicher namens Krauthoff als Ehemann einer der erbberechtigten Töchter des Landrates von Schmalensee Besitzer des Gutes. Er verglich sich bereits 1817 mit den Bauern, Kossaten und sonstigen Mitinteressierten über die Auflösung des gutsherrlich-bäuerlichen Verhältnisses. Hier waren aber die Bedingungen für die vier ansässigen Bauern wesentlich härter, denn sie mussten als nichterbliche Besitzer ihrer Höfe nicht nur ihre Hofwehr zurückgeben bzw. zurückkaufen, sondern auch noch die Hälfte des bisher bewirtschafteten Landes abtreten. Die Kossaten behielten dagegen ihr Land im vorherigen Umfang. Weiterhin gab es einige Sonderbestimmungen, die die weitere Ableistung von Hand- und Spanndiensten betrafen, da das Gut zu wenige eigene Arbeitskräfte besaß, um künftig ohne diese auskommen zu können.

In Stolpe verband man die Regulierung des gutsherrlich-bäuerlichen Verhältnisses zugleich mit dem zweiten Hauptpunkt der Agrarreformen, der Neueinteilung der Feldflur. Ziel dieser Neuverteilung war es, jedem Besitzer landwirtschaftlicher Nutzflächen seine Ländereien möglichst geschlossen zu übergeben, damit er sie ohne Rücksicht auf die anderen bewirtschaften konnte. Daher heißt dieser Vorgang auch häufig Separation. Die Anfänge derselben lassen sich bereits im 16. und 17. Jahrhundert ausmachen, als im Zusammenhang mit dem Ausbau der Gutswirtschaft die Ländereien der Güter und die der Bauern voneinander getrennt werden sollten. Verstärkt wurde dies seit dem Ende des Siebenjährigen Krieges betrieben. Im Bereich des königlichen Amtes Pudagla erfolgte diese erste Stufe der Separation, die Trennung von Gut und Bauern, in den meisten Fällen in den ersten beiden Jahrzehnten des 19. Jahrhunderts. Die zweite Stufe ging dann schon direkt in die Dörfer hinein und betraf die Trennung von Kirchen- und Pfarrländereien von denen der Bauern. Sie vollzog sich ebenfalls in den meisten Fällen in den ersten Jahrzehnten des 19. Jahrhunderts. Die letzte und für die Flurgestaltung der Bauerndörfer meist folgenreichste Stufe war schließlich die Separation der Bauern und sonstigen Landwirte (Büdner, Handwerker) eines Dorfes untereinander. Dies geschah in den meisten Fällen erst ab der Mitte des 19. Jahrhunderts und bedeutete immerhin auch eine immense Überwindung für die Bauern. Seit Generationen waren sie es gewohnt, ihren Ackerbau gemeinschaftlich im Rahmen des Dreifelderwirtschaft zu betreiben und Wiesen und Weiden ebenso zu nutzen. Dies alles fiel mit der Separation, die auch häufig als Privatisierung der Feldmarken bezeichnet wird, fort.

Mitunter kam es deshalb sogar zu schweren Konflikten bei der Neueinteilung. Die bekanntesten auf der Insel sind die Unruhen des Jahres 1848, die bei der bereits 1832 begonnenen Separation und Neuverteilung der Ländereien der Stadt Usedom – auch auf dem Stadtfeld herrschte bis dahin die gemeinschaftliche Nutzung im Rahmen der Dreifelderwirtschaft – entstanden. Unter dem Eindruck der im März in Berlin ausgebrochenen Unruhen setzten die sich benachteiligt fühlenden Bürger am 14. April 1848 kurzerhand den Bürgermeister gefangen und bewaffneten eine Bürgerwehr. Erst das Einschreiten des Landrates, der die Stadt durch Militär besetzen und die Anführer des Aufruhrs verhaften ließ, führte, allerdings erst nach mehrmonatiger militärischer Präsenz vor Ort, zum erfolgreichen Abschluss der Neuaufteilung.

Seit dem 18. Jahrhundert hatten sich auch fundamentale Veränderungen in der Landwirtschaft angebahnt, die eine Auflösung der alten Flurverfassung geradezu forderten. Die Dreifelderwirtschaft war ein System, das vor allem auf den Getreideanbau ausgerichtet war. Die Kartoffel, die im 18. Jahrhundert noch hauptsächlich in Gärten angebaut wurde, erreichte während der Napoleonischen Kriege zu Beginn des 19. Jahrhunderts ihren Durchbruch als Grundnahrungsmittel. Deshalb wurde es notwendig, sie auch zunehmend auf den Äckern anzubauen. Aber für den Kartoffelanbau war die Dreifelderwirtschaft weniger geeignet. Gleiches galt auch für den Anbau von Feldfutterpflanzen wie Klee und Luzerne, der ebenfalls seit der zweiten Hälfte des 18. Jahrhunderts in zunehmenden Maße anzutreffen war. Im letzten Jahrzehnt des 19. Jahrhunderts hielt auch die Zuckerrübe ihren Einzug auf der Insel. Voraussetzung für den Anbau bildete die Errichtung einer Zuckerfabrik, die 1883 in Anklam gebaut wurde. Allerdings waren die überwiegend leichten Böden der Insel weniger für den Zuckerrübenanbau geeignet als die schwereren Lehmböden des Festlandes. Hinzu kam, dass die Zuckerrübe eher auf den großen Gütern als auf den kleineren Wirtschaften angebaut wurde. Die von den anderen vorpommerschen Kreisen stark abweichenden Besitzgrößenverhältnisse Usedoms, wo auch nach den Agrarreformen neben einigen wenigen großen Gütern und verhältnismäßig vielen mittleren und kleineren bäuerlichen Vollerwerbsbetrieben zahlreiche Klein- und Kleinststellen im Nebenerwerb vorhanden waren, verhinderten zusätzlich die Ausbreitung der Zuckerrübe als Kulturpflanze.

In den Jahren zwischen 1933 und 1937 verteilte sich der Anbau der wichtigsten Feldfrüchte, bezogen auf die landwirtschaftliche Nutzfläche (LNF) im Kreis Usedom-Wollin wie folgt: Weizen 2,6 %, Roggen 19,5 %, Wintergerste 0,25 %, Sommergerste 1,65 %, Hafer 7,5 %, Raps und Rübsen 0,1 %, Flachs 0,05 % (nur 1936/37 angebaut), Hanf 0,01 % (nur 1937 angebaut), Kartoffeln 8,75 %, Zuckerrüben 0,55 %, Luzerne 0,2 % und Klee aller Arten 1,7 %. Der

Anteil der LNF an der Gesamtfläche des Kreises machte 1937 53,4 % aus und lag damit um einiges niedriger als 1912 mit 60,4 %. Der Abgang kam den so genannten sonstigen Flächen zu Gute und es ist davon auszugehen, dass die Ausweitung des Bäderwesens und die Beanspruchung durch das Militär die Veränderungen verursachten.

Dass die Verbesserungen der Anbaumethoden, die Zuchterfolge bei Pflanzen und Nutztieren, der Einsatz chemischer Düngemittel und all die anderen Fortschritte in der Landwirtschaft zu bedeutenden Ertragssteigerungen führten, ist hinlänglich bekannt. Modernisierungen in der Landwirtschaft gingen häufig von einzelnen Betriebsinhabern aus, wobei die Gutspächter meist eine besondere Rolle spielte. Das war leicht erklärlich, weil sich ihr Gewinn aus dem Verhältnis von Betriebsergebnis und Betriebskosten plus Pacht ergab. So waren es auch auf Usedom in der ersten Hälfte des 19. Jahrhunderts Pächter, die neue Methoden in der Landwirtschaft anwandten. Namentlich der Pächter Holz, der die Güter der Familie von Lepel auf dem Gnitz bewirtschaftete, machte sich um die Einführung neuer Anbaumethoden und Feldfrüchte sehr verdient. Später übernahm die Domäne Wilhelmshof bei Usedom eine gewisse Vorreiterrolle. Dessen Pächter v. Buggenhagen gründete von hier aus 1875 den „Landwirthschaftlichen Verein des Kreises Usedom-Wollin zu Usedom". Dieser Verein zählte 1883 immerhin 90 Mitglieder und spielte eine wichtige Rolle bei der Verbreitung neuer Erkenntnisse in der Landwirtschaft. Daneben breitete sich seit dem Ende des 19. Jahrhunderts das ländliche Genossenschaftswesen aus. Genossenschaften konnten nach ihrer Zweckbestimmung Kredit- (Raiffeisen), Erzeuger- (Molkereigenossenschaften) oder auch allgemeine Genossenschaften (Verband pommerscher landwirtschaftlicher Genossenschaften) sein. Zum Stichjahr 1912 gab es im ganzen Kreis Usedom-Wollin 48 verschiedene ländliche Genossenschaften, die sich auf die fünf großen, in der Provinz tätigen Genossenschaftsverbände verteilten. Mit insgesamt 37 waren die dem Verband pommerscher landwirtschaftlicher Genossenschaften angeschlossenen allgemeinen

Vereinigungen in der absoluten Überzahl. Zum Zweck des Handels mit allen von der Landwirtschaft benötigten und aller von ihr hergestellten Produkte wurden Landwirtschaftliche Ein- und Verkaufsvereine gegründet, von denen auch einer in Swinemünde mit Außenstellen in Wollin und Gülzow in Hinterpommern bestand.

Große Mühen wandte man im 19. und frühen 20. Jahrhundert auf, um neue landwirtschaftlich nutzbare Flächen zu gewinnen. Das geschah in erster Linie durch die Trockenlegung vernässter Ländereien. Bereits zu Beginn des 19. Jahrhunderts kam es zu einer Fortsetzung der Entwässerungsarbeiten am Thurbruch. Auf Initiative des um die Belange seiner pommerschen Provinz sehr bemühten Oberpräsidenten Johann August Sack hob man westlich von Ahlbeck einen neuen Kanal aus, der als Abfluss des Gothensees dienen sollte und den Namen Sackkanal erhielt. Aber der noch fast das ganze 19. Jahrhundert hindurch verfolgte Plan einer vollständigen Trockenlegung des Gothensees misslang – zum Glück darf man wohl heute sagen. Am Anfang des 20. Jahrhunderts gründeten sich mehrere Meliorationsgenossenschaften, deren Ziel und Aufgabe ebenfalls in der Trockenlegung vernässter Flächen bestand. Durch eine solche Genossenschaft wurde zum Beispiel 1910/11 das Große Moor nahe der Stadt Usedom trockengelegt.

Einige Besonderheiten auf der Insel führten zu einer vom Festland abweichenden Bevölkerungs- und Siedlungsentwicklung. Im Zuge der Agrarreformen entstanden nur wenige neue Siedlungen in Gestalt von Vorwerken oder Abbauten. Hierzu zählen lediglich das aus zwei Karniner Bauernhöfen zusammengelegte Wilhelmsfelde bei Usedom, das Vorwerk Karlsruh bei Balm sowie Neu Sallenthin. Weitaus bedeutsamer waren dagegen die Siedlungsveränderungen, die sich durch die Fischerei und das Bäderwesen ergaben, worauf noch näher eingegangen werden wird. Die bereits traditionell zahlreichen Nebenerwerbsbetriebe, meist in Verbindung mit der Fischerei, und die sich durch das Bäderwesen ergebenden neuen Beschäftigungsmöglichkeiten führten zu einer vergleichsweise nur geringen Abwanderung der ländlichen Bevölkerung, einem insgesamt stärkerem Bevölkerungswachstum und der höchsten Bevölkerungsdichte aller pommerschen Landkreise mit 92 Einwohner pro Quadratkilometer (1907) – ganz Pommern hatte nur 57. Die gleichen Faktoren waren auch für den für vorpommersche Verhältnisse niedrigen Beschäftigtenanteil in der Landwirtschaft von unter 25 % zu Beginn des 20. Jahrhunderts ausschlaggebend. Dies wiederum führte neben der relativ geringen Anzahl großer Güter dazu, dass die Insel kaum von der ab ca. 1890 verstärkt einsetzenden „Inneren Kolonisation" erfasst wurde. Damit bezeichnete man den gezielten Ankauf von Gütern durch Siedlungsgesellschaften, die diese aufteilten und dann parzellenweise an bäuerliche Siedler vergaben. Man nennt dies auch Güteraufsiedlung. Erst in der letzten Phase wurde zwischen 1930 und 1934 die Aufteilung und Versiedlung der Güter Dewichow, Kutzow, Mellenthin, Mölschow und Pudagla durchgeführt sowie die des Gutes Krummin ab 1935 vorbereitet, aber nicht mehr abgeschlossen.

Zu dieser Zeit stand die Güteraufsiedlung schon unter dem Zeichen der NS-Ideologie von „Blut und Boden". In die gleiche Richtung zielte das Reichserbhofgesetz von 1933. Beide sollten der nationalsozialistischen Propaganda zu Folge dem Wachsen und wirtschaftlichen Wohlergehen des deutschen Bauernstandes als einer der tragenden Säule der Volksgemeinschaft dienen. In der Praxis gelang dies bis zum Ausbruch des Zweiten Weltkriegs keinesfalls, auch wenn 1937 bereits knapp 20 % aller landwirtschaftlichen Vollerwerbsbetriebe des Kreises Usedom-Wollin den Status eines Erbhofes erlangt hatten und zumindest oberflächlich die nationalsozialistische Organisationsstruktur mit Kreis- und Ortsbauernschaften eingeführt worden war.

Zu den dunklen Kapiteln der Inselgeschichte zählt unbestritten der Einsatz von Kriegsgefangenen und Zwangsarbeitern während des 2. Weltkrieges. Am Stadtrand von Usedom befand sich ein Kriegsgefangenenlager, in dem ab 1941 französische Kriegsgefangene untergebracht wurden. Haupteinsatzgebiet der Zwangsarbeiter und Kriegsgefangenen war jedoch neben den noch zu behandelnden Versuchsanstalten in Peenemünde die Landwirtschaft. So gab es zum Beispiel in einer zum Gut Krienke gehörenden Molkerei ein Lager für ausländische Zwangsarbeiter und auf vielen Höfen der Insel arbeiteten, wie überall in Deutschland, ausländische Arbeitskräfte, häufig als Ersatz für die zum Wehrdienst eingezogenen Männer.

Neue Siedlungen und Verkehrswege vom 18. bis 20. Jahrhundert

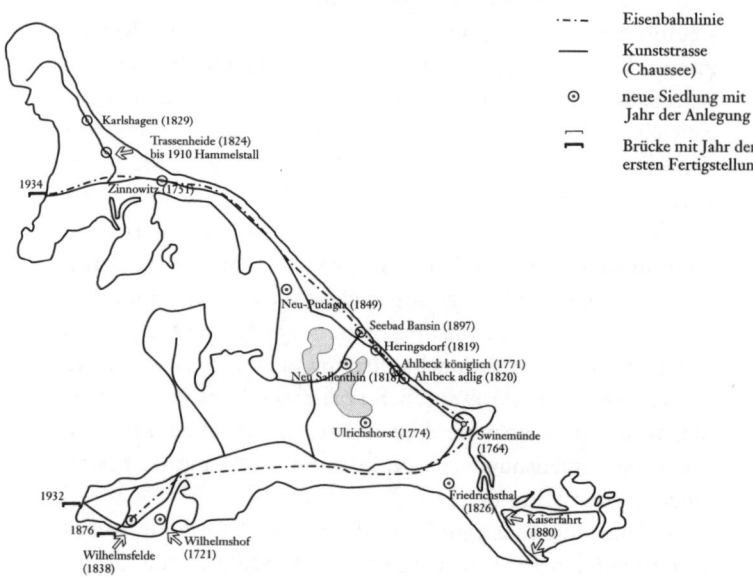

Infrastruktur, Handel und Gewerbe

Zu Beginn des 19. Jahrhunderts spielten neben der Landwirtschaft traditionell noch die Fischerei und die sich seit dem 18. Jahrhundert allmählich als eigenständiger Zweig herausbildende Forstwirtschaft eine wichtige Rolle im Wirtschaftsleben der Insel. Von den Städten blieb Usedom weiterhin bei seinem kleinstädtischen Charakter mit einer gewissen Dienstleisterfunktion im Handwerk und Handel für das Umland. Swinemünde dagegen profitierte wie schon weiter oben bemerkt von den Auswirkungen der napoleonischen Kontinentalsperre und entwickelte in den ersten Jahrzehnten des 19. Jahrhunderts einen regen und umfangreichen Seehandel. Als Hauptausfuhrprodukt wurde Getreide vornehmlich nach Großbritannien verschifft.

Allerdings war der Zustand des Swinemünder Hafens zu Beginn des 19. Jahrhunderts in einem eher beklagenswerten Zustand, so dass sich Ausbesserungs- und Erweiterungsarbeiten dringend notwendig machten. Diese begannen unmittelbar im Anschluss an die Befreiungskriege und dauerten zunächst bis 1823. Im Zentrum der Arbeiten stand wie schon vorher die Verbesserung und Vertiefung der Hafeneinfahrt, die durch die Meeresströmungen permanent von Versandung bedroht war. Durch die Errichtung steinerner Molen, die weit in die See hinausragten, gelang es diesmal, das Problem dauerhafter zu lösen. Aber das nun auch insgesamt vertiefte Fahrwasser von Swinemünde bis Stettin machte das bis dahin notwendige Leichtern der Schiffe im Swinemünder Hafen überflüssig und beraubte die Stadt einer wichtigen Tätigkeit und Einkommensquelle. Der allgemeine Rückgang der Schifffahrt seit der Mitte der zwanziger Jahre des 19. Jahrhunderts tat ein übriges. Erst ab ca. 1840 stieg die Zahl der ein- und ausfahrenden Schiffe wieder und erreichte während des Krimkrieges (1851–56) wegen des damals fast vollständig über Swinemünde laufenden russischen Seehandels ihren Höhepunkt. Danach verlagerte sich der Schiffsverkehr zunehmend in das zum wichtigsten deutschen Ostseehafen werdende Stettin.

Eine ähnliche Situation wie nach 1823 entstand noch einmal ab 1880, als mit der Eröffnung der „Kaiserfahrt" ein weitestgehend völlig neuer Durchstich den Seeweg zwischen Swinemünde und Stettin erheblich verkürzte und wiederum für größere Schiffe passierbar machte. Erneut wurde das Leichtern der größeren Schiffe entbehrlich und viele Arbeitsplätze im Hafenbereich waren überflüssig. Diesmal brachte das gerade im Aufschwung befindliche Bäderwesen einen Ausgleich, so dass sich die Auswirkungen nicht als so gravierend darstellten. Ein um 1840 geplanter Kanalbau zwischen Haff und Peenestrom durch den Usedomer See, mit dem die Untiefen bei Karnin umgangen werden konnten, kam dagegen nicht zur Ausführung. Unmittelbar vor dem 2. Weltkrieg begann noch einmal ein Ausbau des Swinemünder Hafens mit dem Bau von Kohle- und Winterhafen.

Die Landstraßen waren bis zur Mitte des 19. Jahrhunderts meist nur unbefestigte Wege, deren Ausbau als Chaussee bzw. Kunststraße nun ebenfalls in Angriff genommen wurde. Den Anfang machte auf der Insel die als Notstandsmaßnahme zwischen 1848 und 1852 ausgeführte Chaussierung des Streckenabschnitts zwischen Swinemünde und dem Golm. Bis zur Jahrhundertwende folgten alle anderen wichtigeren Strecken, so dass am Vorabend des 1. Weltkrieges nahezu alle größeren Orte über befestigte Straßen erreicht werden konnten. Straßenbrücken, die die Insel mit dem Festland verbanden, errichtete man erst in der Zwischenkriegszeit: 1932 bei Zecherin im Südwesten und zwei Jahre später von Wolgast nach Wolgaster Fähre im Nordwesten. Sie entstanden also dort, wo bis dahin die Fähren jahrhundertelang ihren Dienst getan hatten.

Noch bedeutsamer für die wirtschaftliche Entwicklung der Insel wurde jedoch der Eisenbahnbau. 1843 erhielt die Provinzhauptstadt Stettin eine Eisenbahnverbindung nach Berlin. Zwanzig Jahre später, im März bzw. November 1863, wurden die Anschlussstrecken Stettin-Pasewalk und Pasewalk-Stralsund dem Verkehr übergeben. Parallel liefen erste Planungen zum Bau einer Anbindung der Insel. Sie sahen zunächst einen

Bahndamm quer durchs Haff zwischen Neuwarp und dem Südosten Usedoms vor. Später nahm man davon wieder Abstand und favorisierte 1868 die schließlich auch von 1874 bis 1876 gebaute Strecke Ducherow-Karnin-Swinemünde. Mit dem Bau der dafür notwendigen Eisenbahnbrücke bei Karnin erhielt die Insel erstmals in ihrer Geschichte eine feste Anbindung an das Festland. Der dadurch ungleich schneller gewordene Transport von Menschen und Gütern brachte einen wirtschaftlichen Aufschwung mit sich, von dem nicht zuletzt die Stadt Usedom profitierte. Diese positive Entwicklung und der ab 1892 erfolgende Einsatz von Schnellzügen zur Beförderung der Badegäste von Berlin erforderten einen 1907 abgeschlossenen zweigleisigen Ausbau der Strecke Ducherow–Swinemünde. Ein letzter Ausbau erfolgte mit der 1933 fertiggestellten und ein Jahr später in Betrieb genommenen neuen Hubbrücke, einer ingenieurtechnischen Meisterleistung, die es in dieser Form nur noch einmal in Europa bei Rotterdam gab. Die Fortführung der Eisenbahn von Swinemünde in Richtung Nordwesten begann 1894 mit dem Bau der Strecke bis Heringsdorf. Nach vielen Widerständen seitens der Heringsdorfer Seebad-Aktiengesellschaft konnte der Weiterbau über Koserow und Zinnowitz bis zur Wolgaster Fähre erst 1911 beginnen.

Eine Industrialisierung in nennenswertem Umfang erfolgte auf Usedom wie überall in Pommern mit Ausnahme der Provinzhauptstadt Stettin nicht. Lediglich die Erweiterung Swinemündes zum Marinestandort seit der Mitte des 19. Jahrhunderts führte zum Ausbau der Kreisstadt als Werftstandort. Zugleich schuf das Bäderwesen eine in vielen Bereichen von den übrigen ländlichen Gebieten Pommerns abweichende Wirtschaftsstruktur auf Usedom. Das Bauhandwerk war hier zum Beispiel sehr stark ausgeprägt. Ansonsten dominierte die verarbeitende Industrie die Wirtschaft. Eine Aufstellung der wichtigsten Industriebetriebe des Kreises Usedom-Wollin vom Mai 1939 zeigt diese Ausrichtung ganz deutlich. In Swinemünde gab es je zwei Eisengießereien und Schiffswerften, gleich fünf Sägewerke, eine Färberei und Wäscherei, eine

Möbelfabrik, eine Eisfabrik, eine Korbfabrik und zwei Likör-
fabriken sowie die Gas-, Elektrizitäts- und Wasserwerke.
In Ahlbeck arbeiteten zwei Sägewerke und eine Mosterei, in
Heringsdorf eine Strandkorbfabrik, in Bansin ein Sägewerk,
in Zinnowitz derer gleich drei und in Usedom-Stadt zwei
sowie eine Mahlmühle.

Entstehung und Entwicklung des Bäderwesens

Einen gewissen wirtschaftlichen Aufschwung erlebte im 2. und
3. Jahrzehnt des 19. Jahrhunderts der bis dahin wohl ärmste
Teil Usedoms, die Außenküste zur Ostsee bzw. Pommerschen
Bucht hin. Die dortigen kargen Sandböden und die in un-
regelmäßiger Folge wiederkehrenden Überflutungen hatten
eine dauerhafte Besiedlung nur punktuell zugelassen. Jedoch
boten die ebenfalls nur unregelmäßig vor der Küste erscheinenden Heringszüge einen willkommenen Nebenerwerb. So
war es auch in der Zeit zwischen 1810 und 1830, als unerhört
starke Heringszüge vor der Usedomer Küste auftauchten. Die
staatliche Verwaltung, allen voran der bereits erwähnte, seit
1816 amtierende Oberpräsident der Provinz Pommern, Johann
August Sack, unternahm viel, um diesen Fischreichtum aus-
zunutzen. In wenigen Jahren entstanden daher entlang der
Küste mehrere Heringspackereien, in denen der gefangene
Fisch weiterverarbeitet wurde. Einige der heute den meisten
Fremden sofort einfallenden Usedomer Orte verdanken diesem Umstand ihre Existenz bzw. einen bedeutenden Schub
in der Entwicklung. Hierzu zählen Ahlbeck, Heringsdorf,
Trassenheide, das bis 1910 den wenig klangvollen Namen
Hammelstall führte, und Karlshagen.
Aber nach wenigen Jahren war es mit der Heringsschwem-
me wieder vorbei. Inzwischen hatte aber bereits eine andere
Entwicklung eingesetzt, die schließlich das Wirtschaftsleben
der Insel zu großen Teilen umgestalten und bestimmen soll-

te, das Bäderwesen. In England war am Ende des 18. Jahrhunderts das Seebaden als eine von einigen Medizinern empfohlene Gesundheitskur bei den gehobenen Gesellschaftsschichten in Mode gekommen und hatte sich zu Beginn des 19. Jahrhunderts auch an den deutschen Küsten ausgebreitet. 1824 begann die erste Badesaison in der Kreisstadt Swinemünde, noch im selben Jahr gefolgt von Heringsdorf. Diese Ansiedlung auf dem Grund und Boden des Rittergutes Gothen erfreute sich der besonderen Förderung seines damaligen Besitzers, des Oberforstmeisters von Bülow. Jener hatte Gothen 1817 aus der Konkursmasse der Mellenthinschen Begüterung erworben, wodurch es erstmals seit Jahrhunderten einen von Mellenthin getrennten Besitz darstellte. Von Bülow erkannte offensichtlich sehr rasch die Potenziale, die in dem sich ausbreitenden Bäderwesen lagen. Seine guten Beziehungen, die bis ins preußische Königshaus reichten, taten wohl ein übriges. Der Legende nach soll es auch der preußische Thronfolger und nachmalige König Friedrich Wilhelm IV. gewesen sein, der dem neu angelegten Ort anlässlich einer Stippvisite, die auch mit dem Verzehr frisch gefangenen und zubereiteten Herings verbunden gewesen sein soll, den Namen Heringsdorf verliehen hat. Exakt nachweisen lässt sich diese Geschichte nicht mehr, aber hübsch ist sie allemal und mittlerweile so fest im lokalen Geschichtsbewusstsein verankert, dass man sie sowieso nicht mehr in Frage stellen kann.

Über ein Vierteljahrhundert blieben die beiden ersten Usedomer Badeorte auch die einzigen der Insel. Erst 1851 erhielt Zinnowitz die Erlaubnis des Landrates zur Durchführung des Badebetriebes, ein Jahr später von Ahlbeck und 1858 von Koserow gefolgt. Der eigentliche Aufschwung erfolgte jedoch erst in der Hochstimmung der Gründerjahre nach der Reichsgründung 1871.

Bis zur Jahrhundertwende folgten die meisten der auch heute noch als Bäder geschätzten Orte, und auch die bereits bestehenden Seebäder erlebten in dieser Zeit ihren eigentlichen Aufschwung, bei dem sie ihr trotz mannigfacher Veränderungen charakteristisches Erscheinungsbild erhielten.

Größtes Seebad der Insel blieb bis zum Ausbruch des 2. Weltkrieges die Kreisstadt Swinemünde, wo ab 1887 direkt am Strand in einiger Entfernung von der eigentlichen Stadt ein eigenes Viertel nur für den Badebetrieb errichtet wurde. In Heringsdorf, das sich zum Anlaufpunkt der gehobeneren Gesellschaftsschichten entwickelte, war es eine 1871 von den Brüdern Delbrück gegründete Aktiengesellschaft, die den Ausbau des Ortes zum zweitwichtigsten Usedomer Badeort vorantrieb. 1879 erhielt Heringsdorf von allerhöchster Stelle, d. h. vom Kaiser bzw. preußischen König, den amtlichen Status als selbstständiges Seebad verliehen. Die Delbrücks erwarben als geschäftstüchtige Unternehmer auch den an der Küste gelegenen Teil der zum alten Dorf Bansin gehörenden Gemarkung und errichteten dort ab 1897 das Seebad Bansin. Ahlbeck profilierte sich dagegen von Beginn an mehr als Familienbad für die unteren Schichten der Bevölkerung. Sichtbarer Ausdruck des auch in der Zeit des Kaiserreichs bereits vorhandenen sozialen Engagements war das 1913 durch Kaiser Wilhelm II. eingeweihte „Kaiser-Wilhelm-Heim", eine Erholungseinrichtung für die Kinder ärmerer Familien.

Zinnowitz, das lange Zeit nicht wie die vorerwähnten Orte von den günstigen Verkehrsanbindungen in Richtung Stettin und vor allem Berlin profitieren konnte, lehnte sich mehr an die im 19. Jahrhundert aufstrebende alte Herzogsstadt Wolgast an. Es waren in erster Linie Wolgaster Geschäftsleute, die hier investierten und den Ort als ihr Ausflugsziel betrachteten. In der Zwischenkriegszeit erwarb sich Zinnowitz allerdings den äußerst zweifelhaften Ruf, das erste judenfreie Bad auf Usedom zu sein. Bereits 1928 warnte ein Reiseführer jüdische Gäste eindringlich vor einem Besuch. Die anderen Bäder, insbesondere das mondäne Heringsdorf, zogen in dieser Hinsicht erst in der Zeit der NS-Diktatur nach und vertrieben bis 1938 sowohl die jüdischen Gäste wie auch die Gewerbetreibenden mosaischen Glaubens.

Der Badebetrieb des 19. und frühen 20. Jahrhunderts unterschied sich beträchtlich von dem heutigen. Anfangs dominierten die Badekarren. Das waren von Pferden gezogene

Strand von Heringsdorf mit Promenade und alter Seebrücke auf einer Postkarte um 1900.
Repro: Thomas Helms

vierrädrige, geschlossene Wagen. Mit diesen fuhr man soweit ins Wasser, bis der Badegast direkt vom Wagen aus in die Fluten steigen konnte. Später, in der zweiten Hälfte des 19. Jahrhunderts, kamen die Badeanstalten, streng nach Geschlechtern getrennt, auf. Um die Jahrhundertwende brachte die Einrichtung von so genannten Familienbädern eine gewisse Liberalisierung. Aber noch in der Zwischenkriegszeit sorgten strenge Bekleidungsvorschriften für die Wahrung eines – zugegeben immer prüder wirkenden – Anstandes. Hohe Bretterwände schirmten die Badeanstalten zusätzlich vor neugierigen Blicken ab. Freibäder und die heute allerorten den Strand beherrschenden Strandkörbe kamen erst in den letzten Jahren vor dem 2. Weltkrieg auf, auch wenn es letztere schon eine geraume Zeit gab. Die vornehmeren Bäder wie Heringsdorf und Swinemünde warben daneben auch als Sol- und Moorbäder. Kurhäuser, Kasinos, Pferderennbahn und andere zusätzliche Angebote kamen den gehobenen Ansprüchen der dortigen Gäste entgegen. Die wirtschaftliche Krise nach dem Ende des 1. Weltkrieges brachte nur einen vorübergehenden

Rückgang bei den Besucherzahlen. Bereits Ende der zwanziger Jahre erreichten sie wieder das Vorkriegsniveau. Von nationalsozialistischen Urlaubsgroßprojekten im Stile des „Bades der 20000" bei Prora auf der Insel Rügen blieb Usedom verschont. Lediglich bei Heringsdorf wurde eine für propagandistische Großveranstaltungen genutzte Freilichtbühne im Stil einer germanischen Thingstätte errichtet. Auf die Vertreibung der Juden bis 1938 ist bereits hingewiesen worden. Nicht wenige kamen in den Vernichtungslagern der Nationalsozialisten ums Leben. Der offizielle Badebetrieb endete während des 2. Weltkrieges und die Einrichtungen wurden teilweise anderen Verwendungszwecken zugeführt. Das Militär und die Rüstungsanstalten auf der Insel beanspruchten zunehmend Quartiere, insbesondere nach den alliierten Luftangriffen auf Peenemünde ab 1943. Trotzdem galt Usedom als luftkriegssicheres Gebiet und damit als Ziel zahlreicher Transporte im Zuge der Kinderlandverschickungen während des Krieges.

Der Aufschwung des Bäderwesens steht in direktem Zusammenhang mit der Entstehung und Entwicklung der Industriegesellschaft seit der zweiten Hälfte des 19. Jahrhunderts. Die fundamentalen wirtschaftlichen und sozialen Veränderungen brachten den Massentourismus überhaupt erst hervor. Daneben profitierten die Bäder aber auch direkt vom technischen Fortschritt. Der massenhafte und schnelle Transport von Menschen und Gütern wäre ohne Dampfschiff und Eisenbahn undenkbar gewesen. Dass Swinemünde und Heringsdorf lange Zeit allein blieben, hing daher auch mit der Erreichbarkeit zusammen. Lediglich Postkutschen und -schiffe standen bis zur Mitte des 19. Jahrhunderts zur Verfügung. Mitte des 19. Jahrhunderts traten diesen dann private Reedereien zur Seite, die regelmäßige Dampfschiffverbindungen einrichteten. Die Stettiner Reederei Bräunlich war die wichtigste davon. Neben der Verbindung Stettin und Swinemünde bedienten die Reedereien aber auch den Verkehr zwischen den Seebädern, die dafür wegen fehlender natürlicher Häfen die so charakteristisch gewordenen Seebrücken als Anlegestellen errichtete. Und man kann auch einen direkten Zusammenhang zwischen dem Aufschwung der Seebäder nach der Reichsgründung und der Eisenbahnanbindung ab 1876 beobachten. Für ganz Eilige stand seit 1925/26 auch eine in den Sommermonaten betriebene Fluglinie von Stettin/Altdamm nach Swinemünde.

Geistiges und kulturelles Leben

Die gewaltigen Veränderungen im wirtschaftlichen und sozialen Gefüge wirkten sich auch auf das geistige und kulturelle Leben aus. Die verschiedenen Bereiche der Kunst, die Architektur, aber auch die Beschäftigung mit der eigenen Geschichte nahmen in dieser Zeit einen zuvor nie dagewesenen Aufschwung. Wenden wir uns zunächst der Architektur zu.

Im ländlichen Bereich wirkten sich sowohl die Agrarreformen als auch die Ertragssteigerungen der Landwirtschaft auf das Baugeschehen aus. Die bis zu Beginn des 19. Jahrhunderts für die Bauerndörfer so typischen niederdeutschen Hallenhäuser machten bereits bis zur Jahrhundertmitte weitestgehend neuen Hausformen Platz. Massives Mauerwerk oder wenigstens ausgemauertes Fachwerk trat an die Stelle der Lehmwände und Ziegeldächer ersetzten nicht zuletzt schon aus Brandschutzgründen die weit heruntergezogenen Stroh- und Rohrdächer. Eine ebenfalls dem Brandschutz dienende Einrichtung war der häufig erst in der ersten Hälfte des 19. Jahrhunderts vorgenommene Einbau von Schornsteinen. Beim Neubau von Bauernhäusern kam es in der Regel auch zur durchgängigen Trennung von Wohn- und Wirtschaftsräumen, d.h. das bisher häufig vorherrschende Einheitshaus, in dem sich die Wohnräume und die Ställe und Vorratsräume unter einem Dach befanden, wurde jetzt durch ein reines Wohnhaus abgelöst. Um 1850, so berichtet der damalige Inselchronist Gadebusch, seien bereits die meisten alten Hallenhäuser durch Neubauten ersetzt worden. Eine gewisse Renaissance erlebte das Einheitshaus erst wieder mit der Güteraufsiedlung in der ersten Hälfte des 20. Jahrhunderts. Damals entstand eine Reihe von Siedlerhaustypen, die wieder Wohn- und Wirtschaftsräume unter einem Dach vereinten.

Auf den Gütern baute man ebenfalls. Durch Landgewinn infolge der Regulierung sowie durch die Ertragssteigerungen war der Bau neuer und größerer Wirtschaftsgebäude erforderlich. Die Gewinne, die die Landwirtschaft vornehmlich seit der Mitte des 19. Jahrhunderts abwarf, ermöglichten aber auch die Errichtung neuer, repräsentativer Herrenhäuser. In Neuendorf auf dem Gnitz entstand 1820 gegenüber dem alten noch strohgedeckten Herrenhaus der von Lepel ein Neubau, der um 1850 noch durch einen Seitenflügel erweitert wurde. Mit der Rückerwerbung des Gutes Stolpe durch die Familie von Schwerin 1896 begann auch dort ein großzügiger Um- und Erweiterungsbau am Schloss. Die Familie von Borcke schließlich errichtete um 1920 ein neues Herrenhaus in Krienke und die von Lepel ließen 1935 in Neuendorf noch ein weiteres Gutshaus bauen.

Der Bevölkerungszuwachs und die Errichtung neuer Ortschaften an der Küste zogen die Einrichtung neuer Kirchgemeinden nach sich, für die entsprechende Kirchengebäude gebaut werden mussten. So gestaltete sich das 19. und frühe 20. Jahrhundert als die nach der deutschrechtlichen Kolonisation zweite Welle des Kirchenbaus auf Usedom. Den Anfang machte in den Jahren 1846–48 die Kirche in Heringsdorf, gefolgt 1994/95 von den Kirchen in Ahlbeck und Zinnowitz, 1912 in Karlshagen und schließlich 1938 als letzte die Bansiner Kirche. In Swinemünde baute man in Ergänzung zu der 1881 umfassend renovierten evangelischen Christuskirche 1888 eine apostolische Kapelle, 1896 eine katholische Kirche und 1906 die Lutherkirche für die Lutheraner. Nicht unerwähnt bleiben soll die 1860 errichtete Kapelle in Peenemünde, und auch die zahlreichen, mehr oder weniger umfangreichen Umbauten und Renovierung bestehender Kirchen. Neue Türme bzw. überhaupt einen Turm erhielten die Christuskirche in Swinemünde sowie die Kirchen von Usedom, Krummin, Garz und Mönchow.

Die Ausdifferenzierung des öffentlichen Lebens brachte ebenfalls zahlreiche neue Bauten hervor, die sowohl die Bedürfnisse der wachsenden kommunalen und staatlichen Verwaltung wie auch zahlreicher neuer privater und genossenschaftlicher Gesellschaften, Firmen und Organisationen zu befriedigen hatten. Zentrum dieses öffentlichen Bauens war die Kreisstadt Swinemünde mit den Gebäuden des Kreishauses (Landratsamt), der Schifffahrtsbehörden und der Banken. Hinzu kamen weitere vorher nicht oder in dieser Form nicht vorhandene Gebäude, die sich in über die ganze Insel verteilten, wie Bahnhöfe und Postämter. Eine spezifische Form öffentlicher Bauten an der Küste sind die Leuchttürme. Die Swinemünder Hafeneinfahrt wurde 1828 erstmals mit einem Leuchtturm versehen. Diesen ersetzte man 1857 durch einen neuen Turm, der mit 70 Meter der höchste an der deutschen Ostseeküste war. Öffentliche Bauten des 19. und frühen 20. Jahrhunderts präsentierten sich häufig in historisierenden Formen. Baustile wie Neugotik, Neorenaissance, Neobarock usw. zeugen davon.

Eine ganz eigene architektonische Stilrichtung, eben die Bäderarchitektur, brachte der Bauboom in den rasch wachsenden Seebädern seit dem letzten Viertel des 19. Jahrhunderts hervor. Unter diesem Sammelbegriff versteckt sich eigentlich eine Vielzahl verschiedenster Stile aus unterschiedlichen Regionen und Epochen. Sie ist jedoch so prägend für das Aussehen der Badeorte geworden, dass man sie untrennbar mit ihnen verbunden sieht.

In der Literatur des 19. und 20. Jahrhunderts spielten Autoren, die von der Insel stammten oder dort einige Zeit ihres Lebens verbrachten, ebenfalls eine gewisse Rolle. Theodor Fontane (1819–1898) verlebte wichtige Jahre seiner Kindheit in Swinemünde, die er in einem seiner letzten Werke, dem 1893 erschienenen Kindheitsroman „Meine Kinderjahre" verarbeitete. Er zeichnet dort ein anschauliches Bild vom Leben in der Kreisstadt im zweiten Viertel des 19. Jahrhunderts. Dagegen war Wilhelm Meinhold (1797–1850) ein gebürtiger Usedomer. Er erblickte in Netzelkow das Licht der Welt. Später war er Pfarrer in Krummin und Koserow. Nebenbei beschäftigte er sich mit der Schriftstellerei, die, ganz im Geist der Zeit, einige Werke mit Bezug zur pommerschen Geschichte hervorbrachte. Berühmt wurde er durch seinen 1843 veröffentlichten Roman „Die Bernsteinhexe", in dem er historische Tatsachen aus der Inselgeschichte und Dichtung so geschickt miteinander verband, dass selbst Fachleute zunächst glaubten, es handele sich tatsächlich um die Nacherzählung einer Originalquelle aus dem 17. Jahrhundert. Angeblich wollte Meinhold eine Schrift eines Koserower Pfarrers aus dem 17. Jahrhundert veröffentlicht haben, in der dieser einen Hexenprozess gegen seine Tochter schilderte. In Wirklichkeit war die ganze Geschichte aber erfunden.

1908 wurde in Bansin Hans Werner Richter (1908–1993) geboren, der die legendäre „Gruppe 47" gründete und leitete, eine der wichtigsten Literatenvereinigungen der Nachkriegszeit in (West)Deutschland. Mit seinem 1953 erstmals veröffentlichen Roman „Spuren im Sand" ließ er seine Kindheit in Bansin und Swinemünde im Kaiserreich und der Weimarer Republik wieder aufleben. Auch weitere Arbeiten aus seiner Feder kreisen um seine pommersche Heimat, die er nie vergaß oder verdrängte, so etwa der sehr kurzweilige und vergnüglich zu lesende Band „Deutschland, deine Pommern. Wahrheiten, Lügen und schlitzohriges Gerede", der 1970 erschien.

Hand in Hand mit der Erschließung der Ostseeküste durch die Seebäder ging auch die Entdeckung der Insel durch die bildende Kunst, insbesondere die Malerei. Bekannte Namen wie Lyonel Feininger (1871–1956), Hermann Max Pechstein (1881–1955), Otto Manigk (1902–1972) oder Otto Niemeyer-Holstein (1896–1986) verbinden sich mit Usedom und der Malerei. Einen Höhepunkt erreichte das künstlerische Schaffen in der Zwischenkriegszeit. Zu bemerken ist außerdem, dass nicht wenige Künstler auch nach 1945 auf der Insel blieben, wie etwa Niemeyer-Holstein. Es war, wie in anderen Gegenden der Ostseeküste auch, die Verbindung von Landschaft und Meer, von der die Künstler angezogen wurden. Dominierte anfangs die Landschaftsmalerei, so traten nach der Jahrhundertwende zunehmend auch die neuen, abstrakteren Stilformen auf. Deutlich sichtbar ist dieser Wandel bei Feyninger, für dessen künstlerische Entwicklung die Usedomaufenthalte wichtige Meilensteine waren.

Im 19. Jahrhundert erwachte überall ein neues, breiteres Interesse an der Geschichte. Dies lässt sich auch für Usedom feststellen. Bereits um die Mitte des 19. Jahrhunderts lagen mit der „Chronik der Insel Usedom" (1863) des Swinemünder Amtsrates Wilhelm Ferdinand Gadebusch und der Arbeit von Eduard Georg Heinrich Zietlow, „Das Prämonstratenserkloster auf der Insel Usedom" (1858), beachtliche und zum Teil noch heute unentbehrliche Werke zur Inselgeschichte vor. Zum eigentlichen Chronisten Usedoms aber wurde der gebürtige Thüringer Robert Burkhardt (1874–1954). Wie die meisten Lokalhistoriker seiner Zeit war er hauptamtlich Schulrektor, zunächst in Usedom, später in Swinemünde. Seine Hauptwerke, die zweibändige „Chronik der Insel Usedom" (1909,1912) und die ebenfalls zweibändige „Geschichte des Hafens und der Stadt Swinemünde" (1920/21, 1931) zählen bis heute zu den Standardwerken zur Geschichte Usedoms und ihres größten Ortes.

Organisatorisch und institutionell festigte sich die Geschichts- und Heimatpflege durch den 1910 gegründeten „Verein für Wohlfahrts- und Heimatpflege im Kreis Usedom-Wollin" und das ein Jahr später eröffnete Heimatmuseum des Kreises in Swinemünde. Letzteres war zunächst im Gebäude der Badeverwaltung untergebracht, wurde jedoch 1931 in das alte Rathaus verlegt, wo es wesentlich verbesserte Bedingungen vorfand.

Leiter des ehrenamtlich geführten Museums war ebenfalls der Swinemünder Schulrektor Burkhardt. Leider ist der größte Teil der Sammlungen in den Wirren am Ende des 2. Weltkrieges verloren gegangen. Der Geschichtsverein gab zudem von 1911 bis 1935 als vierteljährliche Beilage der „Swinemünder Zeitung" die „Heimatblätter für den Kreis Usedom-Wollin" heraus.

Marinestützpunkt und Versuchsanstalten –
Usedom und das Militär

1848 war nicht nur das Jahr der Märzrevolution in Berlin, des Frankfurter Parlaments und, lokal betrachtet, der Usedomer Unruhen, sondern auch das Jahr des ersten deutsch-dänischen Krieges. In diesen militärischen Auseinandersetzungen, es folgte 1864 noch ein zweiter Krieg, ging es um die Zugehörigkeit Schleswig-Holsteins. Die verwickelte verfassungsrechtliche Entwicklung dieser beiden Gebiete ließ sie in der ersten Hälfte des 19. Jahrhunderts eine eigenartige Sonderstellung zwischen Deutschem Bund und Dänemark einnehmen. Einerseits galten Schleswig und Holstein seit dem 15. Jahrhundert als auf ewig ungeteilt, andererseits gehörte Schleswig seit 1815 staatsrechtlich zu Dänemark, Holstein dagegen zum Deutschen Bund. Der dänische König herrschte in Holstein lediglich in Personalunion als Fürst des Deutschen Bundes. Als er 1848 auch Holstein gänzlich dem dänischen Staat einverleiben wollte, kam es zum Aufstand nationalpatriotisch eingestellter Deutscher im Herzogtum und im April 1848 zum Waffengang mit dem vom Deutschen Bund beauftragten Preußen. In die nun folgenden militärischen Auseinandersetzungen waren auch die preußische Ostseeküste, d. h. in erster Linie Pommern, einbezogen.

Am 1. Mai erschienen dänische Schiffe vor der Usedomer Küste und begannen mit einer Seeblockade, unter der vor allem die Küstenschiffer litten. Die im Swinemünder Hafen und im Peenestrom bei Wolgast stationierten preußischen Schiffe wagten keinen Angriff auf die überlegene dänische Flotte. Andererseits flößten die Küstenbatterien bei Peenemünde und Swinemünde den Dänen doch soviel Respekt ein, dass sie ihrerseits keinen direkten Angriff auf den Swinemünder Hafen oder eine Landung auf die Insel wagten. Mit dem im August geschlossenen Waffenstillstand von Malmö endete auch die Seeblockade vor Usedom.

Viele nationalpatriotisch eingestellte Usedomer forderten nach diesem in ihren Augen schmachvollen Kriegsverlauf den

Aufbau einer eigenen, stärkeren Kriegsflotte. Man sammelte sogar schon Geld für den Schiffsbau. Die militärische Führung Preußens erkannte ebenfalls die unzureichende Sicherung des Swinemünder Hafens und begann noch 1848 mit dem Bau von neuen, modernen Befestigungswerken. An beiden Ufern der Swinemündung entstanden bis 1860 zwei Forts, von denen das westliche wegen seines charakteristischen Aussehens die Bezeichnung „Engelsburg" erhielt. 1863 wurde Swinemünde zur Seefestung 3. Grades erhoben, was mit der dauerhaften Stationierung von Truppen verbunden war.

Noch im selben Jahr deuteten sich neue Auseinandersetzungen mit Dänemark an, denn der Berliner Frieden von 1850 hatte mit dem Verzicht auf die Herzogtümer Schleswig-Holstein eine aus preußischer Sicht nicht hinnehmbare Situation geschaffen. Im Januar 1864 erschienen wiederum dänische Kriegsschiffe vor der Usedomer Küste. Doch diesmal wagte die junge preußische Flotte den offenen Kampf. Am 17. März 1864 fand vor Thiessow an der Südostspitze Rügens ein Seegefecht zwischen den dänischen und preußischen Schiffen statt, das zwar unentschieden ausging, aber letztlich zum Rückzug der dänischen Flotte aus den vorpommerschen Küstengewässern führte.

Zu einem wichtigen Flottenstützpunkt wurde Swinemünde bis zum Ende des Kaiserreichs nicht. Dafür fanden dort seit 1879 Flottenparaden und Marinemanöver statt, die immer zu regelrechten Massenveranstaltungen gerieten. Kaiser Wilhelms II., der sich sehr für den Aufbau der Hochseeflotte interessierte, besuchte Usedom deshalb auch meist, weil er an den Flottenparaden und Manövern teilnehmen wollte. Marinestützpunkt wurde die Kreisstadt erst nach dem 1. Weltkrieg. Bis zum Ende des 2. Weltkrieges bezogen verschiedene Dienststellen hier ihren Posten, darunter eine Marine-Flakschule und eine Schnellboot-Lehrdivision. Während des 2. Weltkrieges entstand bei Kaseburg ein U-Boot-Hafen. Bei Garz wurde zudem 1935 ein Militärflugplatz in Betrieb genommen.

In der Schlussphase des 2. Weltkrieges spielte Swinemünde eine wichtige Rolle als Zwischenstation für die aus den Ostgebieten evakuierten Zivilisten und Wehrmachtseinheiten. Dadurch wuchs die Zahl der sich im Frühjahr dort aufhaltenden Personen auf schätzungsweise 100 000 bei rund 30 000 Einwohnern an. Die Stadt war von Flüchtlingen völlig überfüllt. In dieser Situation trat am Vormittag des 12. März 1945 die Katastrophe ein. 600 amerikanische Bomber luden ihre todbringende Last über der Stadt und dem Hafen ab. Die Folgen waren ähnlich verheerend wie ungefähr einen Monat zuvor beim Angriff auf Dresden. Über die Zahl der Toten in Swinemünde liegen nur Schätzungen vor. Man geht jedoch von über 20 000 aus, die meisten Quellen sprechen von rund 23 000. Der überwiegende Teil von ihnen wurde in Massengräbern auf dem Golm, einem vordem beliebten Ausflugsziel der Swinemünder nördlich von Kamminke, beigesetzt.

1936 begann auf der bis dahin von der Außenwelt fast völlig abgeschnittenen Nordwestspitze der Insel eine Entwicklung, die neben den Seebädern die Insel außerhalb der näheren Umgebung bekannt machen sollte. Im August 1936 erfolgte der erste Spatenstich für den Bau umfangreicher militärischer Anlagen in der Nähe des Dorfes Peenemünde. Das alte Bauern- und Fischerdorf wurde abgerissen, nachdem die bisherigen Bewohner mehr oder weniger zwangsweise ausgesiedelt worden waren. Bis 1941 entstanden in dem weitläufigen Gelände nördlich von Karlshagen abgeschirmt von der Außenwelt zwei Versuchsanstalten von Heer und Luftwaffe mit allen für den Bau und die Erprobung von Raketengeschossen notwendigen Anlagen einschließlich Flugplatz und Hafen.

Was an diesem Ort bis zum April 1945 erforscht, gebaut und erprobt wurde, hinterlässt ein zwiespältiges Gefühl. Einerseits waren es grandiose wissenschaftliche und ingenieur-technische Leistungen, die schließlich den Flug in den Weltraum ermöglichten. Andererseits sind es von Anfang an militärische Anlagen gewesen, und die Ergebnisse ihrer Arbeiten sollten in erster Linie militärischen Zwecken dienen, die schließlich in der Endphase des 2. Weltkrieges auch noch zum Einsatz kamen. Und die Aktivitäten in Peenemünde sind in besonderer Weise mit den Verbrechen des Nationalsozialismus ver-

142

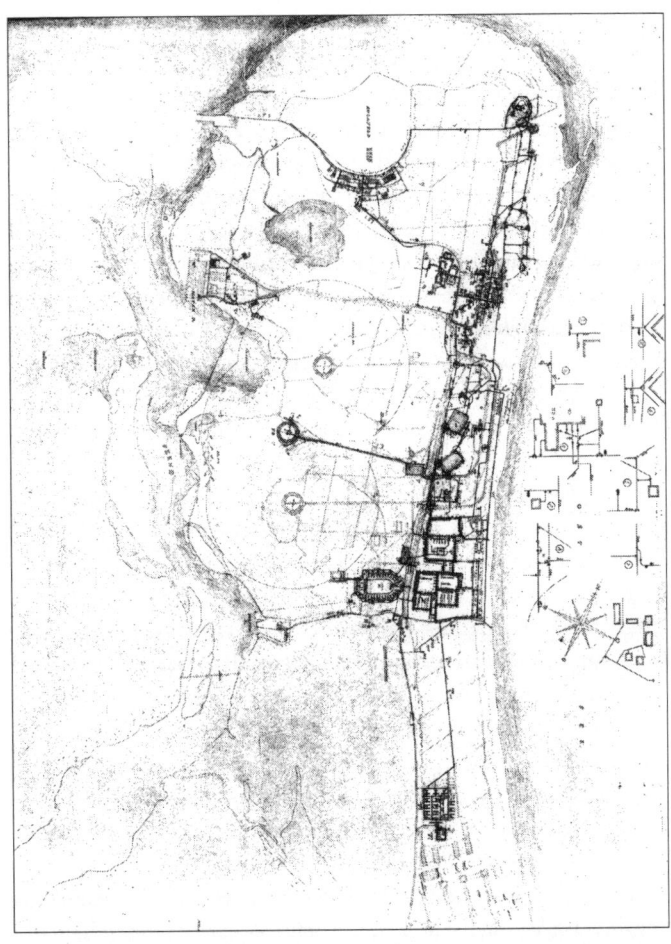

Gesamtplan der Versuchsanlagen von Peenemünde 1944. Mit freundlicher Genehmigung des Deutschen Museums München. Repro: Thomas Helms

knüpft, da hier auch ausländische Zwangsarbeiter, Kriegsgefangene und KZ-Häftlinge beschäftigt waren.

Am 4. Oktober 1942 absolvierte das von der Heeresversuchsanstalt unter der Leitung von Wernher von Braun entwickelte Aggregat 4, eine Rakete mit flüssigem Brennstoff, den ersten erfolgreichen Testflug. Nur wenig später, Heiligabend 1942, gelang dasselbe mit dem von der Firma Fieseler auf dem benachbarten Luftwaffenerprobungsgelände entwickelten Projektil Fi 103, einer Flügelbombe. Im ab 1944 erfolgten militärischen Einsatz erhielten diese beiden Raketenwaffen von der nationalsozialistischen Propaganda die Bezeichnungen V 1 (Fi 103) bzw. V 2 (A 4), wobei das V für Vergeltung stand. Eine kriegsentscheidende Wirkung zugunsten Deutschlands konnten sie aber ebenso wenig bewirken wie all die anderen in der Endphase des 2. Weltkrieges zum Einsatz gekommenen „Wunderwaffen" der Goebbelschen Propaganda.

Die ursprünglich auch in Peenemünde vorgesehene Serienfertigung der Raketen musste jedoch wegen der alliierten Bombardierungen verlegt werden. Seit Jahresbeginn 1943 besaßen die Engländer und Amerikaner detaillierte Informationen zu Peenemünde und planten einen Bombenangriff, der dann in der Nacht vom 17. zum 18. August 1943 unter der Bezeichnung „Operation Hydra" von der Royal Air Force erstmals ausgeführt wurde. Es gehört zu den tragischen Begleiterscheinungen des alliierten Luftkrieges, dass auch hierbei wieder viele Unschuldige sterben mussten. Insbesondere wurden nämlich die Werkssiedlung Karlshagen und das Zwangsarbeiterlager Trassenmoor getroffen. Über 500 der offiziell gezählten 733 Opfer des Luftangriffs waren Zwangsarbeiter.

Wiederholte Luftangriffe und das Vorrücken der sowjetischen Armee im Zuge der Ende Januar 1945 gestarteten Oder-Weichsel-Offensive führten zu einer schrittweisen Verlegung der Versuchsanstalten. Anfang April 1945 verließen die letzten Spezialisten Peenemünde und Ende April, wenige Tage vor der sowjetischen Besetzung der Insel, wurden die KZ-Häftlinge nach Barth ins dortige Konzentrationslager verbracht.

Nahezu zeitgleich besetzten Truppenteile der Roten Armee die Insel von Westen über Wolgast und Osten über Swinemünde. Die letzten deutschen Einheiten verließen noch den Swinemünder Hafen, als bereits im östlich der Swine gelegenen Stadtteil Osternothafen die ersten sowjetischen Panzer durch die Straßen rollten. Widerstand im eigentlichen Sinne gab es bei der Besetzung nicht, aber der Taktik der verbrannten Erde folgend sprengten deutsche Einheiten am 30. April noch die drei Brücken, die Usedom mit dem Festland verbanden. Am 4. Mai war die Insel vollständig von sowjetischen Truppen eingenommen, die als Besatzungsmacht die Geschicke der Insel in den nächsten Jahren entscheidend mit - prägten.

DER KREIS USEDOM (1945–1952)

Die unmittelbaren Nachkriegsmonate waren eine in vieler Hinsicht widersprüchliche und chaotische Zeit, in der nach dem totalen Zusammenbruch erst mühsam die öffentliche Ordnung wiederhergestellt werden musste. Folgende Episode soll dies skizzieren.

Ende Oktober 1948 traf ein Schreiben von der Insel Usedom beim Schweriner Innenminister Hans Warnke ein, dessen Inhalt von ziemlicher Brisanz war. Ging es darin doch um nicht weniger als schweren Raub, Entführung und Mord. Beschuldigt wurde nicht irgendwer, sondern der ehemalige Usedomer Landrat Willy Stange. Dieser war als erster Amtsinhaber von der sowjetischen Besatzungsmacht unmittelbar nach Kriegsende noch in Swinemünde eingesetzt und durch sie Ende September 1945 auch wieder abgesetzt worden. Warnke, einer der einflussreichsten SED-Funktionäre im Land, fühlte sich unangenehm erinnert, zumal ihm fast zeitgleich auch Schreiben örtlicher SED-Organe zugingen, die eindringlich um eine Beendigung der amtsrichterlichen Untersuchungen baten. So beauftragte er den Schweriner Generalstaatsanwalt mit der Angelegenheit. Dieser kam in seinem Bericht vom Januar 1949 dann auch zu dem Schluss – sicher nicht ganz unerwünscht –, dass keine neuen Erkenntnisse vorlägen, welche die Wiederaufnahme des 1946 mit der Verurteilung Stanges zu 15 Jahren Zuchthaus abgeschlossenen Verfahrens gerechtfertigt erscheinen würden. Sicherheitshalber wurden aber einige der damals beteiligten und jetzt erneut verdächtigten Personen, zum Teil immer noch Amtsträger und SED-Funktionäre, von der Insel entfernt. Für die SED war der Fall Stange ein unangenehmes Ereignis, an das sie ungern erinnert werden wollte, hatte er doch nicht zuletzt zum Wahlsieg der CDU bei den ersten – und einzigen – freien Wahlen im Herbst 1946 mit beigetragen. Noch 1948 stieß der Untersuchungsrichter auf eine aus Angst aufgebaute Mauer des Schweigens bei der Bevölkerung. Stange hatte im Volksmund den wenig schmeichelhaften Spitznamen „Räuberhauptmann" bekommen, und sein Dienstwagen hieß landläufig das „Räuberauto". Das im Prozess von 1946 nicht weiter untersuchte Verschwinden von über einem Dutzend Personen konnten auch die Untersuchungen von 1948 nicht aufklären, nicht zuletzt durch das Eingreifen höchster Instanzen im Land.

Mit der Einnahme von Peenemünde und Swinemünde am 4. Mai 1945 war die Insel komplett in der Hand der Roten Armee. In den ersten Wochen bis Anfang Juli waren die örtlichen Befehlshaber der Besatzungstruppen die einzige Ordnungsmacht. In fast jedem Ort wurden zunächst Kommandanturen eingerichtet, die sich aber rasch auch wieder auflösten, je nachdem, wie die Truppenbewegungen verliefen. Erst ab Ende Juni kam es zu geordneteren Verhältnissen, als in Berlin die Sowjetische Militäradministration für Deutschland (SMAD) als oberste Verwaltungsbehörde der Besatzungsmacht im Bereich ihrer Besatzungszone gebildet worden war. Anfang Juli teilte die SMAD die Besatzungszone in fünf Länder ein, die nur teilweise an historische Vorläufer angelehnt waren, und bildete für diese eigene Militäradministrationen und zivile Landesverwaltungen. Aus dem ehemaligen Freistaat Mecklenburg und den westlich der Oder unter Ausschluss der Stadt Stettin gelegenen Teilen der preußischen Provinz Pommern bildete die SMAD mit dem Befehl Nr. 5 vom 9. Juli 1945 das Land Mecklenburg-Vorpommern.

Zu dieser Zeit bestand der alte Kreis Usedom-Wollin noch in seinen Vorkriegsgrenzen. Die bisherigen Beschlüsse der Alliierten zur neuen Ostgrenze Deutschlands ließen noch durchaus die Interpretation zu, dass der östliche Ausfluss der Oder, die Dievenow, die die Insel Wollin vom hinterpommerschen Festland trennte, die Grenze markieren würde. Dementsprechend nahm die von der Besatzungsmacht eingesetzte Kreisverwaltung unter dem schon genannten Willy

Stange, einem ehemaligen Oberkellner, ihre Arbeit auch im bisherigen Dienstgebäude, dem Kreishaus am Swinemünder Bollwerk wieder auf. Die Organisation der Besatzungsmacht vor Ort hatte ebenfalls festere Formen angenommen. Neben der Kreiskommandantur in Swinemünde bestanden noch zwei Unterkommandanturen in Usedom (Stadt) und Wollin (Stadt). Schwierig war es für die Vertreter der Besatzungsmacht, geeignete Leute für die Zivilverwaltung zu finden, da die meisten bisherigen Amtsinhaber wegen ihrer nationalsozialistischen Vergangenheit keine Berücksichtigung finden konnten. Kommunisten schienen am zuverlässigsten, waren aber kaum in ausreichender Zahl vorhanden, von entsprechender fachlicher Eignung ganz zu schweigen. Und wie der Fall des Landrats Stange zeigte, waren auch Kommunisten nicht frei von persönlichen Verfehlungen. Ende Juli 1945 war das Landratsamt wieder arbeitsfähig und sandte seine ersten Berichte nach Schwerin. Auf lokaler Ebene blieb die Verwaltungsstruktur des Kreises aus der Vorkriegszeit mit den drei Stadtverwaltungen (Swinemünde, Usedom, Wollin) und den 89 ländlichen Gemeinden, die zu den jetzt Bezirksbürgermeistereien genannten Amtsbezirken zusammengefasst waren, zunächst unverändert bestehen.

Die Beschlüsse des Potsdamer Abkommens brachten mit ihrer Ausformulierung des Grenzverlaufs erhebliche Konsequenzen für den Fortbestand des Kreises Usedom-Wollin mit sich. Die neue deutsche Ostgrenze sollte jetzt unmittelbar westlich von Swinemünde verlaufen, was zumindest den vollständigen Verlust der östlichen Insel Wollin bedeutete. In den ersten Wochen nach Potsdam herrschte noch einige Unklarheit, ob wirklich die ganze Kreisstadt oder doch nur die östlich der Swine gelegenen Stadtteile Osternothafen und Ostswine geräumt werden mussten. Das Verhalten der Besatzungsmacht war in dieser Hinsicht auch nicht eindeutig. Man versprach lediglich rechtzeitige Information und den Schutz der Zivilbevölkerung. Letzteres erfolgte wohl nicht zuletzt wegen der schrecklichen Ereignisse, die sich nach der endgültigen Übergabe Stettins an Polen am 3. Juli 1945 abgespielt hatten. In der Nacht vom 20. zum 21. September einigten sich Vertreter der Sowjetunion und Polens auf den konkreten Grenzverlauf westlich der Oder zwischen Swinemünde im Norden und Greifenhagen im Süden. Am 27. September ordnete die Kreiskommandantur die Räumung der Insel Wollin und der Stadt Swinemünde bis zum 4. Oktober an. Als neuer Sitz von Kreiskommandantur und Kreisverwaltung war das Seebad Bansin ausgewählt worden. Aber in der für die Entscheidungen der Besatzungsmacht häufig typischen Art und Weise gab die Kreiskommandantur wenige Tage vor der Evakuierung bekannt, dass sie nicht nach Bansin, sondern nach Ahlbeck verlegen werde. Dem Landrat blieb allerdings keine Zeit mehr, bis zur Evakuierung neue Quartiere in Ahlbeck ausfindig zu machen, so dass die Kreisverwaltung zunächst bis März 1946 nach Bansin zog und erst dann auch nach Ahlbeck verlegt wurde, wo sie bis 1952 verblieb. Der so verbliebene Restkreis Usedom war mit 59 Gemeinden eigentlich zu klein, um weiter zu bestehen, aber eine noch im Oktober 1945 von der Landesverwaltung in Schwerin angeregte Vereinigung mit dem Kreis Greifswald blieb von der SMA unbeachtet. Noch lange Zeit nach dieser Grenzfestlegung herrschte große Unsicherheit unter der Bevölkerung, ob nicht noch weitere Teile oder gar die ganze Insel zu Polen kommen würden. Die Ereignisse im Kreis Randow, dem Gebiet westlich von Stettin, heizten solche Befürchtungen noch an: Dort hatte die polnische Armee im Herbst 1945 die Grenze entgegen dem Abkommen zweimal eigenmächtig weiter nach Westen verschoben und so den heutigen Grenzverlauf geschaffen.

Hinter der Besatzungsmacht stand ebenfalls ein totalitäres Regime, dass nicht nur seine Besatzungszone in Deutschland möglichst dauerhaft in seinem Einflussbereich wissen wollte, sondern auch beabsichtigte, sein Gesellschaftsmodell zu übertragen. Daher wurden von allen einheimischen politischen Gruppierungen die Kommunisten am meisten begünstigt und von Anfang an in die Schlüsselpositionen des zivilen Verwaltungsapparates gebracht. Kommunismus nach sowjetischer Lesart bedeutete aber auch konsequenterweise die Vergesellschaftung der Wirtschaft, sprich die weitestgehende Enteignung privater Unternehmer. Dass es der Besatzungsmacht und den von ihr protegierten Kommunisten damit durchaus ernst war, daran ließ bereits der Aufruf der Kommunistischen Partei Deutschlands vom 11. Juni 1945 kaum einen Zweifel. Zur Begründung dieses gesellschaftlichen Umbaus wurde in erster Linie die radikale Umsetzung des Antifaschismus, wie die kommunistische Abrechnung mit dem nationalsozialistischen Regime offiziell hieß, herangezogen. Alle gesellschaftlichen Kräfte, die tatsächlich oder vermeintlich an den Verbrechen des Nationalsozialismus beteiligt waren, sollten entsprechend bestraft werden. An den von vornherein auch ideologisch motivierten Verhaftungen und Enteignungen beteiligten sich sowohl die Besatzungsmacht als auch die deutschen Verwaltungsstellen. Letztere handelten allerdings weder formal noch faktisch selbstständig, sondern waren völlig von den Entscheidungen der SMAD und den ihr nachgeordneten Dienststellen abhängig.

Abgesehen von einigen direkt von den Besatzungstruppen vorgenommenen Maßnahmen bildete die am 5. September 1945 verkündete Verordnung über die Durchführung der Bodenreform in Mecklenburg-Vorpommern die Grundlage für die erste umfassende Enteignungsaktion. Der Enteignung unterlagen einmal alle Güter mit einer Gesamtfläche von 100 Hektar und mehr, sowie die landwirtschaftlichen Betriebe der aktiven Nazis und Kriegsverbrecher. Während die letztere Gruppe noch eine Verbindung mit den Verbrechen des nationalsozialistischen Regimes als Begründung zuließ, war die Enteignung des Besitzes über 100 Hektar so kaum zu rechtfertigen. Auf Usedom verzögerte sich die Durchführung der Bodenreform wegen der Ablösung des Landrates Stange und der Evakuierung von Wollin und Swinemünde bis Anfang Oktober. Insgesamt wurden auf der Insel 20 Betriebe mit mehr als 100 Hektar sowie 27 Betriebe mit weniger als 100 Hektar enteignet und aufgeteilt. Das war im Landesmaßstab gesehen relativ wenig, hatte aber in der bereits in den vorherigen Abschnitten geschilderten andersartigen Entwicklung der

Landwirtschaft seinen Grund. Restgüter – als Landesbetriebe oder Saat- und Tierzuchtbetriebe weitergeführt – gab es auf Usedom nicht.

Zur Versorgung der Neubauernwirtschaften mit landwirtschaftlicher Technik wurden Maschinen-Ausleihstationen (MAS) in Mölschow und Usedom, ab 1949 in Stolpe, gegründet. Wirtschaftlich gesehen war die Bodenreform eher ein Schritt zurück, denn die meist weniger als 10 Hektar großen Neubauernwirtschaften, zudem nicht selten von Nichtlandwirten übernommen, lagen in ihrer Leistungsfähigkeit weit hinter den großen Gütern zurück. Dies hatte einerseits mit der knappen Ausstattung mit Vieh und Betriebsmitteln zu tun, lag aber auch in der für den Einsatz der damals bereits vorhandenen landwirtschaftlichen Technik ungünstigen, weil zu kleinen Betriebsgröße begründet.

Daher setzte auch schon recht bald eine immer größere Ausmaße annehmende Flucht der Neubauern von ihren Höfen ein. Denn trotz aller wirtschaftlichen Schwierigkeiten, mit denen sie zu kämpfen hatten, lag ein unerbittlich eingefordertes Ablieferungssoll auf den Höfen. Wer dies nicht leisten konnte, sah sich des Sabotageverdachts ausgesetzt und musste mit harter Bestrafung rechnen. Bis 1952 versuchte man seitens der Verwaltung die freien Bauernstellen in der Regel mit neuen Bewerbern zu besetzen, was aber immer weniger gelang. Daher übernahmen die Gemeinden selbst Flächen oder bildeten so genannte Örtliche Landwirtschaftsbetriebe (ÖLB), die in vielen Fällen zu Keimzellen der ersten ab 1952 gegründeten Landwirtschaftlichen Produktionsgenossenschaften (LPG) wurden.

Ein häufig wenig günstiges Schicksal ereilte die nun nutzlos und überflüssig erscheinenden Gutsanlagen und insbesondere die Herrenhäuser. Einige wurden umfunktioniert, etwa als Flüchtlingsunterkunft, Gemeindebüro, Schule oder Kindergarten. Aber einige gingen auch verloren, entweder bereits in den ersten Tagen der Besetzung oder aber infolge des SMAD-Befehls 209 von 1947, der den Abbruch der Gutsanlagen zum Zweck der Baumaterialgewinnung für das Neubauernbauprogramm anordnete. Eine Zusammenstellung von 1951 für 21 Herren- und Gutshäuser zeigt, dass drei (Kölpin, Krummin, Kutzow) abgebrochen worden waren, neun an Siedler zu Wohnzwecken abgegeben, eins (Wilhelmshof) war abgebrannt, sieben (u.a. Mellenthin und Pudagla) dienten den Räten der Gemeinden als Dienstort und zwei (Stolpe und Mölschow) beherbergten die ortsansässigen MAS.

Aber noch schlimmer erging es den enteigneten Besitzern. Zwei begingen beim Einmarsch der Roten Armee Selbstmord, die anderen hatten ihren Besitz zu verlassen und wurden, wenn sie nicht schon in den Westen geflohen waren, im November 1945 in einer zentral von Schwerin aus organisierten Aktion nach Thüringen deportiert. Im Gegenzug kamen viele sächsische und thüringische Gutsbesitzer nach Rügen.

Auch sonst waren Verhaftungen innerhalb der Bevölkerung durch die Besatzungsmacht aus manchmal sehr nichtigen Gründen an der Tagesordnung. Viele wurden in das berüchtigte Lager nach Neubrandenburg-Fünfeichen gebracht, andere kamen in die Zuchthäuser nach Torgau und Bautzen oder sogar zur Zwangsarbeit in die Sowjetunion. Zu den traurigen Begleiterscheinungen dieser Maßnahmen gehörten die häufigen Denunziationen. Nicht selten verhaftete und verurteilte man Unschuldige.

Unterdessen ergingen im Herbst 1945 mit den SMAD-Befehlen 124 und 126 neue Verordnungen, die weitere umfangreiche Enteignungen nach sich zogen. Sie ordneten die Beschlagnahme und Sequestrierung des Vermögens des deutschen Staates, von so genannten Naziaktivisten und Kriegsverbrechern, verbotenen Gesellschaften und Vereinigungen sowie der NSDAP und der ihr angeschlossenen Organisationen an. In der Praxis bedeutete dies die Beschlagnahme eines Großteils der privaten Wirtschaft. Nahezu alle Großunternehmen der Industrie wurden als Kriegsverbrecher angesehen, aber auch zahlreiche kleine Handwerker und Gewerbetreibende verloren Hab und Gut. In einem von der SED initiierten Volksentscheid in Sachsen am 30. Juni 1946 war die endgültige Enteignung dieser Vermögenswerte gefordert worden.

Spätere Befehle der SMAD verfügten ihre Übergabe in die Zuständigkeit der deutschen Verwaltung und die Aufhebung der Sequesterverfahren. Daraufhin wurden die beschlagnahmten Vermögenswerte in drei Listen erfasst. Die erste, A-Liste genannt, verzeichnete die zu enteignenden Objekte, die B-Liste die an die ehemaligen Eigentümer zurückzugebenden und die C-Liste die an die Besatzungsmacht zu übergebenden Vermögenswerte. Für den Inselkreis enthielt die Liste A 34 Positionen, die Liste B 70. Eine C-Liste gab es für Usedom nicht.

Im August 1945 begannen auch die sowjetischen Demontagen. Sie betrafen einmal die noch beträchtlichen Produktionsanlagen in Peenemünde, die ein Gutachten der Kreisverwaltung vom August noch zur Umwandlung in eine zivile Maschinenfabrik empfohlen hatte. Bis 1948 waren sie weitestgehend abgebaut und in die Sowjetunion verbracht worden. Der Rest wurde gesprengt. Lediglich das Elektrizitätswerk, das für die Energieversorgung des östlichen Vorpommern unentbehrlich war, blieb bestehen. Den Peenemünder Flugplatz nutzte ab 1948 ein sowjetisches Geschwader und ab 1950 kam es im Hafenbereich zum Aufbau der ersten Einheiten der Seepolizei der DDR, aus der später die Volksmarine entstand. Die militärische Nachnutzung war also bereits wieder im vollen Gange.

Damit im Zusammenhang stand sicher auch der Wiederaufbau der Straßenbrücke zwischen Wolgast und Wolgaster Fähre. Im Sommer 1948 erging die Weisung der SMAD über den bevorzugten Wiederaufbau der zerstörten Brücke. Zwei Jahre später war sie wiederhergestellt und erhielt die offizielle Bezeichnung „Brücke der Freundschaft". Schlechter stand es dagegen mit der Südanbindung der Insel über die ebenfalls gesprengten Brücken bei Zecherin und Karnin. Der Wiederaufbau der Karniner Eisenbahnbrücke erübrigte sich eigentlich, da die Gleise der Bahnstrecke Ducherow – Swinemünde ebenfalls als Reparationsleistung für die Sowjetunion demontiert wurden. Die verbliebenen Bahnstrecken zwischen Wolgaster Fähre und Ahlbeck mit der Nebenstrecke nach Karlshagen und Peenemünde waren nun wirklich eine Inselbahn ohne Verbindung mit dem Netz auf dem Festland. Dringlichkeit hatte aber auf jeden Fall der Wiederaufbau der Straßenbrücke bei Zecherin. Bereits im Februar 1950 wies der Rat des Kreises das zuständige Schweriner Wirtschaftsministerium darauf hin. Insbesondere das Anwachsen des seit 1946 wieder aufgenommenen Badebetriebs in den Seebädern ließ die rasche Wiederherstellung der Brückenverbindung unumgänglich erscheinen. Es sollte aber noch bis 1956 dauern, ehe die alte Südquerung des Peenestroms wieder befahrbar war.

Ein schier unlösbares Problem stellte die Unterbringung und Versorgung der Menschen dar, die durch Flucht und Vertreibung aus den ehemaligen Ostgebieten Deutschlands ins Land strömten. Mecklenburg-Vorpommern hatte mit rund 44 % den größten Anteil an Flüchtlingen und Vertriebenen an der Bevölkerung in der gesamten Sowjetischen Besatzungszone (SBZ). Dies führte nicht nur zu einem immensen Bevölkerungswachstum, sondern und gerade unter den Bedingungen der unmittelbaren Nachkriegszeit zu unvorstellbaren Schwierigkeiten bei der Integration dieser Menschen. Bis zur Einrichtung der Umsiedlerausschüsse – Umsiedler war die offizielle Bezeichnung der Flüchtlinge und Vertriebenen in der SBZ und der DDR – im Herbst 1945 gab es keine über den lokalen Rahmen hinausgehende Betreuung. Ein Teil erhielt durch die Bodenreform Neubauernstellen zugeteilt, was aber die Situation nicht wirklich entschärfte. Durch die Errichtung von Umsiedlerlagern versuchte man ab Herbst der Situation Herr zu werden. In Zinnowitz, Ahlbeck und Karlshagen gab es zum Beispiel solche Lager. Sie standen rasch im Ruf, Elendslager zu sein, so dass nach dem vermeintlichen Abebben der ersten Welle im Februar 1946 die Reduzierung auf die Lager in Zinnowitz und Ahlbeck und deren Umbau zu Musterlagern angeordnet wurde. Aber im Sommer 1946 erreichte mit den vertriebenen Sudetendeutschen eine zweite Welle das Land, wodurch die Aufrechterhaltung der Lager unumgänglich war. Offiziell betrachtete man das „Umsiedlerproblem" 1949 als gelöst und beendete die Tätigkeit der Umsiedlerausschüsse.

Wie ambivalent sich der Umgang der SED mit den Vertriebenen in der Anfangszeit gestaltete, zeigt der Umstand, dass sie noch im Vorfeld der Wahlen vom Herbst 1946 mit dem Argument warb, die Ostgrenze wieder zu verschieben, damit die Vertriebenen in ihre alte Heimat zurückkämen.

Wenn auch zahlreiche Gebäude in den Ostseebädern von der Besatzungsmacht oder zivilen Verwaltungsstellen in Anspruch genommen worden waren, gelang es doch, bereits 1946 wieder die erste Badesaison der Nachkriegszeit zu eröffnen. Die Gästezahlen lagen noch deutlich unter dem Vorkriegsniveau, erreichte dieses aber bereits zwischen 1949 und 1951. Neu waren jetzt die von Anfang an vorhandene staatliche Lenkung und Kontrolle sowie der stetig wachsende Anteil des gewerkschaftlich organisierten Erholungsurlaubs. Eine der Hauptfunktionen des 1945 gegründeten Freien Deutschen Gewerkschaftsbundes (FDGB) war die Planung und Durchführung des Feriendienstes. Dies bedeutete auch, dass an die Stelle der bisher in den Seebädern dominierenden oberen Gesellschaftsschichten die Arbeiter und Angestellten der volkseigenen Wirtschaft traten.

Überblickt man die Zeit zwischen 1945 und 1952 auf Usedom, so scheint vieles provisorisch und im Übergang begriffen. Manche alten, mitunter jahrhundertelang gewachsenen Einrichtungen und Verhältnisse wurden radikal beseitigt, anderes blieb vorläufig bestehen. Verändert hatten sich nicht nur die politischen und die Eigentumsverhältnisse, die Insel war auch von der politischen Geographie her in eine Randlage geraten. Lag sie vorher ziemlich im Zentrum der preußischen Provinz Pommern, so war sie jetzt Grenzgebiet. Ein Teil der Insel selbst mit seinem größten und bedeutendsten Ort gehörte nicht mehr zu Deutschland. Der neu geschaffene Kreis Usedom war eigentlich zu klein und wirtschaftlich zu schwach, um als selbstständige kommunale Körperschaft zu existieren, das erkannten bereits im Herbst 1945 die verantwortlichen Verwaltungsinstanzen in Schwerin. Aber hierbei zeigte sich ein Grundproblem, das die SBZ und ab 1949 die DDR bis zu ihrem Ende 1989 belastete. Es war ein durch die totale militärische Niederlage Deutschlands entstandenes politisches Gebilde, in dem sich die Besatzungsmacht, wenn auch mit abnehmender Tendenz, alle wichtigen Entscheidungen vorbehielt. Die fehlende Zustimmung der SMA in Schwerin zur Vereinigung der Insel mit dem benachbarten Festlandskreis Greifswald ließ daher den Kreis Usedom bis zur umfassenden Verwaltungsreform von 1952 weiterbestehen.

USEDOM IM KREIS WOLGAST BIS 1989

Verwaltung und politische Organisation

Das Jahr 1952 bildete für den noch jungen Staat DDR eine wichtige Zäsur. Die 2. Parteikonferenz der SED im Juli desselben Jahres erklärte die Schaffung der Grundlagen der sozialistischen Gesellschaft zur neuen Hauptaufgabe. Die Phase der antifaschistisch-demokratischen Umwälzung, wie die marxistische Geschichtsschreibung die ersten Nachkriegsjahre später bezeichnete, galt damit als abgeschlossen. Teil der noch im selben Jahr eingeleiteten Reformen war die Auflösung der fünf Länder und deren Ersetzung durch 14 Bezirke plus der Hauptstadt (Ost)Berlin. Der gesamte Küstenbereich von Boltenhagen im Westen bis Ahlbeck im Osten bildete seitdem den Bezirk Rostock mit elf neuen, teilweise erheblich veränderten Kreisen. Die entsprechende Rechtsverordnung vom 23. Juli 1952 trug zwar die Bezeichnung „Gesetz über die weitere Demokratisierung des Aufbaus und der Arbeitsweise der staatlichen Organe in den Ländern der Deutschen Demokratischen Republik", hatte aber mit der Abschaffung der Länder und der Errichtung streng zentralisierter Verwaltungsstrukturen genau das Gegenteil zum Ziel.

In Anlehnung an die bereits 1945 erwogenen Vorschläge zur Zusammenlegung des Kreises Usedom mit dem Kreis Greifswald kam es jetzt zur Schaffung eines neuen Kreises Wolgast, der die Insel Usedom mit dem gegenüberliegenden Festland administrativ vereinte. Neue Kreisstadt wurde das halbwegs zentral gelegene Wolgast. Diese Zusammenlegung entsprach durchaus den seit 1945 eingetretenen Gegebenheiten. Da Usedom nach Osten hin zum Grenzkreis geworden war, musste die Insel sich neu, das heißt noch stärker als bisher nach Westen orientieren. Die Insel machte ungefähr 60 % des Kreisgebietes aus, wobei dieser Anteil ab 1968 noch stieg. Damals waren infolge des Kernkraftwerkbaus in Lubmin einige Gemeinden an den Kreis Greifswald abgetreten worden.

Einige kreisweite Einrichtungen blieben aber auch nach 1952 auf der Insel, so die Verwaltungen von Konsum und Handelsorganisation (HO) und der Kreisbetrieb des Verkehrskombinates Ostseetrans, das im Bezirk Rostock unter anderem den öffentlichen Busverkehr unterhielt. Noch 1952 erfolgte eine Anpassung der Gerichtsstruktur an die neue Verwaltungseinteilung. An die Stelle der bisherigen Amts-, Land- und Oberlandesgerichte traten einheitlich für die ganze Republik Kreis- und Bezirksgerichte, deren Zuständigkeitsbereich mit den Gebietskörperschaften der staatlichen Verwaltung deckungsgleich war.

Auf der Ebene der Gemeinden hatte sich bereits 1950 ein Konzentrationsprozess vollzogen. 34 der 59 Gemeinden der Insel wurden zu zwölf neuen größeren Gemeinden zusammengeschlossen. Dies betraf vor allem die kleineren Ortschaften im Hinterland. Ab 1974 kam es zur formal freiwilligen Bildung von Gemeindeverbänden zur Bewältigung von Aufgaben, die von einer einzelnen Gemeinde nicht allein gelöst werden konnten. Die Gemeinde- und die ebenfalls zur selben Zeit aufkommenden Zweckverbände waren aber nicht nur Zusammenschlüsse von Gemeinden, sondern kooperierten zudem mit den Betrieben der örtlichen Wirtschaft sowie den Parteien und Massenorganisationen. Dahinter stand zum Teil das in der DDR in den siebziger Jahren des 20. Jahrhunderts zunehmend umgesetzte Zentral-Ort-Konzept, das seine Entsprechung im landwirtschaftlichen Bereich in der zunehmenden Konzentration und Spezialisierung seit 1970 – Stichwort industriemäßige Produktion – fand. So verwundert es nicht, dass der erste Gemeindeverband auf Usedom mit der Bezeichnung „Thurbruch" die Gemeinden im südöstlichen Teil der Insel vereinte, in denen die landwirtschaftliche Produktion ab 1970 in der Form einer Kooperativen Abteilung Pflanzenproduktion (KAP) als Großbetrieb organisiert war. Formal blieben die Gemeinden allerdings selbstständig. Ähnlich wie zur Zeit des Nationalsozialismus waren sie verfassungsrechtlich gesehen keine kommunalen Selbstverwaltungskörperschaften, sondern örtliche staatliche Verwaltungen. Dasselbe traf auch für die Räte der Kreise als übergeordnete staatliche Ebene zu.

Hinzu kam eine ganz eigentümliche Parallelstruktur von staatlicher Verwaltung und der sich selbst als staatstragend betrachtenden SED. Die immer wieder gebetsmühlenartig vorgetragene führende Rolle der Partei in der DDR war durchaus wörtlich zu nehmen. Keine wirklich wichtige Entscheidung der staatlichen Verwaltung wurde ohne vorherige Zustimmung der entsprechenden Parteiorgane gefällt. Was wichtig war entschied ohnehin die SED. Und da die meisten wichtigen Funktionen im Staatsapparat im Laufe der Zeit ohnehin durch SED-Mitglieder besetzt wurden, konnte über deren parteiinterne Disziplinierung eine zusätzliche Kontrolle und Einflussnahme ausgeübt werden.

Alle anderen Massenorganisationen passten sich in Aufbau und Funktion der SED und deren Weisungen an. Ziel war wie schon bei den Nationalsozialisten eine möglichst vollständige Kontrolle über und Einflussnahme auf die Gesellschaft. Diesem Ziel diente von allen staatlichen Dienststellen insbesondere das Ministerium für Staatssicherheit, das auch in Wolgast eine Kreisdienststelle unterhielt und ein dichtes Netz informeller, nichthauptamtlicher Mitarbeiter aufbaute. Die neben der SED noch zugelassenen Parteien waren wie die Demokratische Bauernpartei Deutschlands (DBD) und die National-Demokratische Partei Deutschlands (NDPD) entweder direkte Ausgründungen der SED oder aber von dieser politisch weitestgehend neutralisiert. Opposition politischer Natur konnte sich lediglich im Bereich der evangelischen und katholischen Kirche herausbilden, aber auch hier versuchte die SED nicht immer ganz erfolglos Einfluss zu nehmen.

Die Umsetzung des Zentral-Ort-Konzepts hätte in letzter Konsequenz für viele der kleineren Orte das endgültige Aus bedeutet. Aber wie so vieles in der DDR scheiterte auch dieses Konzept an den fehlenden materiellen Ressourcen. Hinzu kam im Fall von Usedom, dass die schon historisch anders gewachsene Siedlungsstruktur dem Zentral-Ort-Konzept teils bereits entgegen kam. Andererseits gab es anders als in vielen ländlichen Gebieten des umliegenden Festlandes weitaus mehr Arbeitsmöglichkeiten in Industrie und Erholungswesen, die dadurch auch den kleinen Hinterlandgemeinden Überlebenschancen boten. Deshalb wirkte sich der in der ganzen DDR während ihrer gesamten Existenz zu verzeichnende Bevölkerungsschwund auf Usedom bzw. im Kreis Wolgast auch nicht so gravierend aus wie in den benachbarten Festlandskreisen. Von 1950 bis 1989 sank die Bevölkerung des Kreises lediglich von knapp 62 500 auf knapp 59 500 Einwohner. Bei allen anderen Landkreisen des Bezirkes Rostock betrug der Rückgang meist zwischen 10 000 und 15 000 Einwohnern, vereinzelt noch mehr. Lediglich die Stadtkreise verzeichneten eine Zunahme.

Wirtschaftliche Entwicklung

Kernstück der 1952 von der SED verkündeten Hauptaufgabe – Schaffung der Grundlagen der sozialistischen Gesellschaft – bildete neben der Verwaltungsreform die weitere Vergesellschaftung der Wirtschaft. Schwerpunkte waren dabei die Landwirtschaft und speziell an der Ostseeküste das Erholungswesen. Bis 1952 unterbanden die staatlichen Stellen jegliche Formen des wirtschaftlichen Zusammenschlusses der Bauern. Lediglich die mittlerweile in der Vereinigung Volkseigener Güter (VVG) zusammengeschlossenen Staatsgüter, von denen es aber auf Usedom keine gab, und die bereits erwähnten, mehr aus der Not heraus gebildeten Örtlichen Landwirtschaftsbetriebe (ÖLB) bildeten eine Ausnahme von der ansonsten bäuerlichen Betriebsweise. 1952 beschloss die SED völlig überraschend die Bildung von Landwirtschaftlichen Produktionsgenossenschaften (LPG) nach dem Vorbild der sowjetischen Kolchosen. Man unterschied drei verschiedene Typen von

LPG. Typ I bedeutete gemeinschaftliche Bewirtschaftung der Äcker, aber weiterhin individuelle Viehhaltung, Typ II individueller Ackerbau und gemeinschaftliche Viehhaltung. Typ III stellte mit gemeinsamen Ackerbau und Viehzucht den höchsten Grad der Vergenossenschaftlichung dar. Auf der Insel kamen jedoch wie fast überall im Norden der DDR nur Genossenschaften der Typen I und III vor. Da diese Zusammenschlüsse zunächst noch weitgehend auf tatsächlicher Freiwilligkeit beruhten, hielten sich die LPG-Gründungen bis 1960 in engen Grenzen. Meist handelte es um umgewandelte ÖLB, denen sich die wirtschaftlich schwächsten Bauern des Ortes anschlossen, weil ihre Wirtschaften allein sowieso nicht lebensfähig waren. Von 18 LPG im Jahr 1953 stieg die Zahl im gesamten Kreis Wolgast bis zum Beginn des Jahres 1960 auf lediglich 32 LPG Typ I und 28 LPG Typ III. Besonders schwach ausgeprägt waren die LPG im Bereich der Maschinen-Traktoren-Station (MTS) Stolpe, also im Südteil der Insel. In diesem stark von altbäuerlichen Betrieben geprägten Gebiet wurden 1959 erst knapp 17 % der landwirtschaftlichen Nutzfläche (LNF) genossenschaftlich bewirtschaftet. Im anderen MTS-Bereich der Insel, Mölschow, waren es immerhin schon über 43 %. Insgesamt lag die Insel aber deutlich hinter den Festlandsbereichen des Kreises Wolgast zurück. In den beiden dortigen MTS-Bereichen waren 53,5 bzw. 61,5 % der LNF bereits genossenschaftlich. Der höhere Anteil an den kleineren und wirtschaftlich meist schwächeren Neubauernbetrieben aus der Bodenreform wirkte sich hier entsprechend aus.

Dies änderte sich im Frühjahr 1960 grundlegend. In einer republikweiten Aktion, die später propagandistisch als „sozialistischer Frühling" gefeiert wurde, mobilisierte die SED alle verfügbaren Kräfte, um den vollständigen Zusammenschluss aller Bauern in den LPG durchzusetzen. Der Bezirk Rostock tat sich in dieser Hinsicht besonders hervor und meldete am 4. März als erster Bezirk, dass die Landwirtschaft vollgenossenschaftlich organisiert sei. Vorangegangen waren umfangreiche organisatorische Vorbereitungen der SED-Kreisleitungen. In Wolgast fanden am Abend des 2. März die entscheidenden Beratungen statt. Geplant wurde ein so genannter Landsonntag am 5. und 6. März. Ziel war es, bis dahin alle Bauern zum Eintritt in die LPG überzeugt oder, nicht selten, gezwungen zu haben. Im Ergebnis dieses konzentrierten ideologischen Masseneinsatzes wuchs die Zahl der LPG im Kreis auf insgesamt 154, davon 128 vom Typ I und 26 vom Typ III. Das auffällige Missverhältnis zeigt bereits, dass viele Bauern nur mehr oder weniger gezwungenermaßen der LPG beigetreten waren, denn in der LPG Typ I hatten sie weitaus größere Freiräume als in der vollgenossenschaftlich organisierten LPG Typ III.

Die weitere Agrarpolitik der SED lief jedoch auf die Umwandlung der LPG Typ I hin zum Typ III und auf den Zusammenschluss der vielen kleinen, meist nur auf einen Ort beschränkten Genossenschaften zu größeren Betrieben hinaus. Bis 1970 waren diese Ziele weitestgehend erreicht. Jetzt setzte eine weitere Vergrößerung und zugleich Spezialisierung ein. Eine von vielen agrarpolitischen Fehlentscheidungen der DDR war zweifellos die Trennung von Ackerbau und Viehzucht bzw. Pflanzen- und Tierproduktion, wie man es in der DDR nannte.

Solche landwirtschaftlichen Großbetriebe entstanden seit 1970 einmal in Mölschow und Umgebung sowie westlich des Thurbruches bis nach Dargen. In beiden Fällen waren die umfangreichen Grünflächen, die nach Planungsvorläufen seit der Mitte der sechziger Jahre in den siebziger Jahren melioriert, sprich trockengelegt, wurden und die Grundlage für eine umfangreiche Grünfutterproduktion und nachfolgend Viehzucht bildeten, der Ausgangspunkt. Um die vorher auf mehrere LPG verteilten Flächen des Thurbruchs einheitlich bewirtschaften zu können, entstand 1970 die Kooperative Abteilung Pflanzenproduktion (KAP) „Thurbruch". Aus ihr wurde später eine auf Pflanzenproduktion spezialisierte Groß-LPG mit Sitz in Dargen. In Labömitz baute man ein Werk zur Trocknung von Grünfutter und eine große Rinderaufzuchtanlage. Im benachbarten Katschow wurde dagegen eine Ferkelaufzuchtanlage errichtet und zwischen Mölschow und

Bannemin ebenfalls eine Rinderaufzuchtanlage, deren Futterbasis die in den siebziger Jahren meliorierten Grünflächen bildeten. Die Bauten der sozialistischen Großraumlandwirtschaft prägen seitdem das Erscheinungsbild der Orte zum Teil noch bis heute.

Die Fischerei unterlag einem ähnlichen Konzentrationsprozess. Erste Fischereiproduktionsgenossenschaften (FPG) gründeten sich bereits kurz nach dem Kriegsende. Zu wichtigen Standorten entwickelten sich bis zur Mitte der sechziger Jahre Karlshagen, Zempin, Ahlbeck, Kamminke, Usedom und Rankwitz. Die Anzahl der FPG verringerte sich in der Folgezeit durch die Konzentrationsprozesse noch weiter. So schlossen sich die Fischer des Lieper Winkels der FPG in Lassan an. Zum mit Abstand größten Betrieb wurde die FPG „Inselfisch" in Karlshagen, der auch ein zum VEB Fischwirtschaft Rostock gehörender Verarbeitungsbetrieb zugeordnet war.

Eine bedeutende Erweiterung erfuhr seit den fünfziger Jahren der industrielle Sektor. Größter Betrieb des Kreises, in dem auch viele Usedomer als Pendler Arbeit fanden, war die vorwiegend als Rüstungsbetrieb arbeitende Peenewerft in Wolgast. Auf der Insel selbst entstanden als neue Unternehmen ein zunächst als Hersteller für Medizin-Mechanik arbeitender Betrieb in Trassenheide, der nach 1970 seine Produktion auf Ausrüstungen für die Fischereischiffbau umstellte, und der Volkseigene Betrieb (VEB) Menü- und Konservierung (Menüko) in Heringsdorf. Letzterer stellte ab 1971 hauptsächlich tiefgefrorene Fertiggerichte her, nachdem er zuvor vor allem die Gaststätten des Kreises mit frischen Fertiggerichten beliefert hatte. Weitere wichtige industrielle Unternehmen waren das Kraftwerk in Peenemünde, die Strandkorbfabrik in Heringsdorf und die zentrale Molkerei des Kreises in Bansin.

1961 fand man auf der Insel im Raum Zinnowitz – Gnitz Erdöl. Zusammen mit anderen Lagerstätten im Norden der DDR wurden sie vom 1962 gegründeten VEB Erdöl- und Erdgas Grimmen, einem Zweigbetrieb des Kombinates Erdöl- und Erdgas Gommern, ausgebeutet. Die Förderungen bei Lütow auf dem Gnitz begannen 1965 und hatten bis 1996 einen

Umfang von insgesamt rund 1 250 000 Tonnen erreicht. Damit war sie die ergiebigste Erdölförderstätte auf dem Territorium der DDR.

Insgesamt bleibt festzuhalten, dass der Kreis Wolgast einen über den Durchschnitt der DDR-Nordbezirke liegenden Industrialisierungsgrad aufwies, wenn auch die nicht auf der Insel Usedom liegende Kreisstadt Wolgast mit dem Großbetrieb Peenewerft, in dem sich rund 2/3 aller Industriearbeitsplätze konzentrierten (1965 3 000 von 4 500), den größten Anteil daran hatte. 1987 waren im Kreis Wolgast knapp 30 % der Berufstätigen in der Industrie beschäftigt, dagegen nur 13,3 % in Land- und Forstwirtschaft, womit er der am stärksten industrialisierte Landkreis im Bezirk Rostock war und noch über den Durchschnittswerten für den ganzen Bezirk mit 24,7 % Industriebeschäftigten und 14,6 % in der Land- und Forstwirtschaft lag. Selbst die Stadtkreise Greifswald und Rostock hatten mit jeweils 29,4 % einen niedrigeren prozentualen Anteil an Industriebeschäftigten aufzuweisen.

Erholungswesen

1951 hatten nahezu alle bedeutenderen Seebäder Usedoms wieder den Vorkriegsstand bei den Gästezahlen erreicht oder sogar überschritten. Lediglich Ahlbeck lag noch deutlich zurück, was sich aus der Beanspruchung zahlreicher Gebäude durch die bis 1952 im Ort befindliche Kreisverwaltung und sowjetischer Dienststellen ergab. Anders als vor dem Krieg entwickelte sich aber das Erholungswesen nun zu einer von staatlichen Einrichtungen zentral gelenkten Angelegenheit. Bereits 1952 richtete man deshalb eine Bezirksverwaltung für das Erholungswesen an der Ostseeküste ein, die zwei Jahre später als Referat für das Bäderwesen in den Rat des Bezirkes Rostock integriert wurde.Die privaten Anbieter, die 1950 immerhin noch knapp die Hälfte der Unterkünfte besaßen, störten dabei nur. Deshalb kam es zwischen dem 10. Februar und 10. März 1953 zu einem groß angelegten Polizeieinsatz an der gesamten Ostseeküste, die die Bezeichnung „Aktion Rose" erhielt. Offiziell als Überprüfung von privaten Hoteliers und Pensionsbesitzern auf Wirtschaftsstrafvergehen und andere kriminelle Machenschaften deklariert, führte sie zur Enteignung von knapp 450 Hotels und Pensionen im gesamten Bezirk Rostock. Viele der enteigneten Besitzer wurden verhaftet und vor ein eigens eingerichtetes Sondergericht in Bützow gestellt oder flohen in die Bundesrepublik. Zur personellen Absicherung des Polizeieinsatzes kam der gesamte IV. Lehrgang der Zentralschule der Volkpolizei K in Arnsdorf zum Einsatz. Insgesamt waren ungefähr 400 Polizisten in den sechs Einsatzgebieten beteiligt, davon 80 im Einsatzgebiet 3, dem Kreis Wolgast. Als Stützpunkt dieses Einsatzgebietes diente das Erholungsheim der Volkspolizei in Heringsdorf.

Die enteigneten Ferienobjekte gingen an den FDGB, an Betriebe, staatliche Einrichtungen und gesellschaftliche Organisationen. Der private Sektor spielte nach dieser Enteignungsaktion im Erholungswesen an der Ostseeküste nur noch eine untergeordnete Rolle. Auch die Bedeutung des Feriendienstes des FDGB begann seit den fünfziger Jahren zu schwinden und pegelte sich schließlich auf einen Anteil von rund 25 % ein. Die meisten Urlauber kamen über die Erholungseinrichtungen der großen Betriebe an die Küste, die teils die alten Hotels und Pensionen übernommen, teils neue Objekte errichtet hatten. Das 1954 gegründete staatliche Reisebüro der DDR spielte ebenfalls nur eine untergeordnete Rolle. Außerhalb des zentral gelenkten Erholungswesens befanden sich die ebenfalls zahlreichen Einrichtungen der SED, von Armee, Polizei und Staatssicherheit und anderer so genannter Sonderbedarfsträger.

Zum größten Usedomer Seebad entwickelte sich Zinnowitz. Dort hatte 1953 die Wismut AG, ein ursprünglich als sowjetische Aktiengesellschaft gegründetes Unternehmen, das den militärisch und zivil wichtigen Uranbergbau betrieb, die ersten Einrichtungen übernommen. Ein vorher unbekannter oder zumindest unbedeutender Zweig des Erholungswesens war der Betrieb von Zelt- bzw. Campingplätzen, der nun zu einem bedeutenden Faktor wurde. Von knapp 10 % Mitte der sechziger Jahre wuchs der Anteil der Camper auf über ein Viertel im Jahr 1988. Mit 8 000 Plätzen war der zwischen Ückeritz und Bansin errichtete Zeltplatz der größte der DDR überhaupt. Das vor dem Krieg eher unbedeutende Ückeritz stieg bis Ende der achtziger Jahre zudem zum zweitgrößten Erholungsort der Insel auf. Die vor dem Krieg auf der Insel dominierenden Bäder Ahlbeck, Heringsdorf und Bansin verloren dagegen relativ an Bedeutung, obwohl sie ihre Besucherzahlen absolut gesehen verdoppeln konnten. Hier vergab übrigens der FDGB die meisten Ferienplätze und tätigte auch die größten Investitionen, wie etwa den in den achtziger Jahren an Stelle des Hotels „Baltic" errichteten Neubau des Erholungsheimes „Solidarität" in Heringsdorf.

Kennzeichnend für das Erholungswesen in der DDR, und für den Ostseebereich gilt dies in besonderem Maße, war der absolut dominierende Anteil an Inlandsurlaubern. Die meisten ausländischen Gäste kamen aus den sozialistischen Staaten, wobei das Binnenland Tschechoslowakei mit über der Hälfte aller Ausländer führte. Aus dem westlichen Ausland kamen lediglich aus der Bundesrepublik und Schweden Touristen in nennenswerter Zahl.

Ein weiteres Kennzeichen war das, allerdings überall und in allen Bereichen der DDR-Gesellschaft zu beobachtende, Leben von der Substanz der Vorkriegszeit. Dies bedeutete für die Usedomer Seebäder, dass nur sehr wenig neu gebaut wurde und der alte Gebäudebestand teilweise bis zur völligen Abnutzung „verbraucht" wurde. Dies führte in einigen Fällen, wie dem oben bereits genannten Hotel „Baltic", zum Abbruch, insgesamt erhielt sich aber die überkommene Bäderarchitektur in ihrer Gesamtheit. Wesentliche neue Akzente setzte das Baugeschehen nicht, von einigen zeittypischen Bauten, wie den Kulturhäusern in Zinnowitz und Heringsdorf aus den fünfziger Jahren, einmal abgesehen. Die meisten neuen Ferienheime fügten sich in den vorhandenen Bestand ein. Das Erholungswesen bildete auch in der DDR den Rahmen für ein Kulturleben, das die Insel von seiner festländischen Umgebung abhob. Teilweise sogar in personeller Kontinuität, wie etwa bei Otto Niemeyer-Holstein, bestanden die bereits in der Zwischenkriegszeit gebildeten Künstlerkolonien weiter. Sie ergänzten sich bereits seit den fünfziger Jahren immer wieder durch Vertreter jüngerer Generationen. Vorherrschend in der Inselkunst blieb weiterhin die Malerei, deren Vertreter sich bei allen individuellen Unterschieden in die zwei großen Gruppen der Realisten und Expressionisten einteilen lassen. Jedoch gab es auch Bestrebungen zur Ausprägung einer der Kulturpolitik der DDR entsprechenden Volkskunst. Bekannteste Beispiele hierfür sind die Folkloregruppen im Lieper Winkel und die zeitweise als Kunsthandwerk betriebene Teppichknüpferei in mehreren Inselorten.

Usedom und das Militär nach 1945

Die exponierte Lage der Insel ließ sie auch nach 1945 für das Militär interessant bleiben. In den ersten Jahren standen auf Usedom ausschließlich Truppen der sowjetischen Besatzungsmacht, später kamen auch Truppenteile der entstehenden Armee der DDR hinzu. Wichtigster Stützpunkt wurde Peenemünde, wo man seit 1948 die noch bestehenden Wehrmachtsanlagen wieder in Betrieb nahm. Auch der bereits von der Wehrmacht errichtete Flugplatz bei Garz, der unter der Bezeichnung Flugplatz Heringsdorf auch zivil genutzt wurde, diente bis 1983 als Stützpunkt der Besatzungsmacht und als Reserveflugplatz der ostdeutschen Flugstreitkräfte.

Die 1950 gebildete Seepolizei der DDR erhielt ab 1951 ihren ersten richtigen Stützpunkt in dem ausgebauten Peenemünder Hafengelände. Hauptaufgabe der Marineeinheiten, seit 1952 Bestandteil der so genannten Kasernierten Volkspolizei (KVP), war die Sicherung der Seegrenze und das Beräumen der stark minenverseuchten Gewässer. Bei Gründung der Nationalen Volksarmee (NVA) 1956 waren in Peenemünde schon über 1 700 Mann stationiert. Sie wurden organisatorisch als 1. Flottille in die neue Armee integriert. 1960 erhielten die Seestreitkräfte die Bezeichnung „Volksmarine" in Erinnerung an die aus Angehörigen der Marine gebildete gleichnamige Division aus der Zeit der Kämpfe in Berlin im November 1918. Die Schiffe und Boote, 1961 bereits 70 Stück, kamen überwiegend aus der Produktion der Peenewerft in Wolgast. Neben Minensuch- und Räumschiffen, Torpedobooten, Küstenschutzschiffen und Fahrzeugen für Transport- und Versorgungsaufgaben kamen seit Anfang der sechziger Jahre auch Raketenwaffen tragende Schiffe zum Einsatz. Sie und die ebenfalls verwendeten Landungsschiffe zeigen deutlich, dass der Auftrag der Seestreitkräfte der DDR keineswegs ausschließlich defensiv war, sondern im Bedarfsfall auch Angriffs- und Landungsoperationen im Ostseerum vorsah. Im vorletzten Jahr der DDR waren in Peenemünde 2 800 Marineangehörige stationiert.

Daneben übernahmen die Luftstreitkräfte der NVA 1961 den Flugplatz in Peenemünde. Stationiert wurde dort das Jagdfliegergeschwader 9, seit 1966 mit dem Namen „Heinrich Rau", das innerhalb der Luftstreitkräfte der 3. Luftverteidigungsdivision mit Sitz in Neubrandenburg/Trollenhagen unterstand. Zur selben Division gehörten auch das seit 1970 existierende Funkaufklärungsbataillion 33 mit Stab in Pudagla, das die Radarüberwachung im östlichen Küstengebiet sicherstellte sowie das 1961 aufgestellte und auf dem Flugplatz Garz stationierte Flugtechnische Bataillion 9. Letzteres wurde 1981 dem Jagdfliegergeschwader 9 unterstellt. Die Peenemünder Jagdflieger erhielten stets die modernste Flugzeugtechnik. Während das in Neubrandenburg/Trollenhagen stationierte zweite Geschwader der 3. Luftverteidigungsdivision bis zum Ende der DDR mit dem in den sechziger Jahren eingeführten Typ MiG 21 flog, kamen in Peenemünde ab 1978 die moderneren MiG 23 zum Einsatz. Kurz vor 1989 bereitete man noch die Umrüstung auf den Typ MiG 29 vor. Im

Herbst 1989 hatten in Peenemünde 44 Jagdflugzeuge vom Typ MiG 23 bei einem Gesamtpersonalbestand von 1 236 Mann ihren Standort. Wie bereits seit 1936 wurde die Nordwestspitze der Insel auch in der DDR weitestgehend abgeriegelt. Peenemündes Nachbarort Karlshagen war nicht nur Sitz der größten Fischereigenossenschaft der Insel und Erholungsort, sondern zugleich auch die bedeutendste Militärsiedlung Usedoms.

UZNAM – POLENS TEIL DER INSEL SEIT 1945

Das Potsdamer Abkommen vom 2. August 1945 markierte die neue Westgrenze der Polen zugesprochenen Gebiete auf Usedom mit den Worten *„direkt westlich von Swinemünde"*. Damit war klar, dass die Insel künftig zu zwei Staaten gehören und die alte Kreisstadt vom westlichen Teil ihres Umlandes abgeschnitten sein würde. Der genaue Grenzverlauf wurde in sowjetisch-polnischen Verhandlungen am 20./21. September 1945 in Greifswald ausgehandelt. Bis zum 4. Oktober erfolgte die Räumung Swinemündes durch die deutschen Verwaltungsstellen. Eine Anerkennung der neuen Grenze durch deutsche Stellen konnte erst nach der doppelten Staatsgründung erfolgen. Dies tat aber zunächst nur die DDR mit dem Görlitzer Abkommen vom 6. Juli 1950 und dem darauf beruhenden Frankfurter Akt über die Markierung der Staatsgrenze vom 27. Januar 1951. Allerdings zeigte sich hier und auch bei späteren Verhandlungen, dass es mit der viel propagierten Völkerfreundschaft zwischen Polen und der DDR nicht weit her war. Polen wurde im Tausch gegen andere Gebiete der Zugang zum Wolgastsee, der für die Trinkwasserversorgung Swinemündes unentbehrlich war, gewährt. Dadurch entstand der eigenartige Flaschenhals im Grenzverlauf auf der Insel. Andererseits gelang es den Diplomaten der DDR, den Ver-

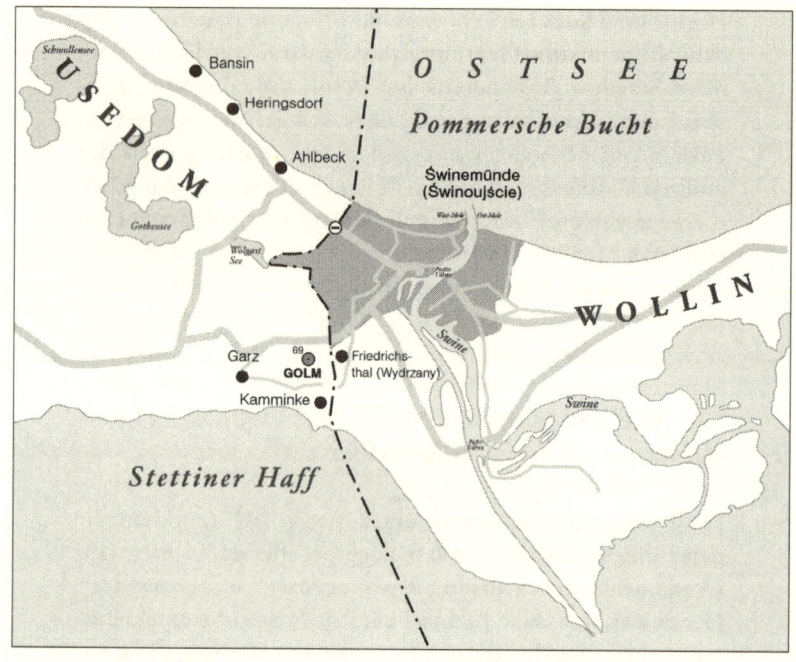

Grenzsituation auf Usedom seit 1945/50.
Karte: Thomas Helms

lauf der Seegrenze in einer für den Betrieb des Swinemünder
Hafens ungünstigen Weise festzulegen. Diese kleinen Gehäs-
sigkeiten wiederholten sich auch bei späteren Gelegenheiten,
etwa bei der so genannten Schelfteilung in der Pommerschen
Bucht 1968. Deren Hintergrund war die beiderseitige Hoff-
nung auf ergiebige Erdöl- und Erdgasvorkommen, die jeder so
weit als möglich für sich nutzen wollte. Auch die Festlegung
der Fischereizonen 1977 und das Gesetz über die Staatsgrenze der DDR vom 25. März 1982 beinhalteten genügend
Konfliktstoff. Erst mit dem Vertrag vom 22. Mai 1989 über die
Abgrenzung der Seegebiete in der Oderbucht konnte der jahrzehntelang während Grenzstreit zwischen der DDR und
Polen beendet werden. Bis in die siebziger Jahre hinein war
die Grenze undurchlässig. Dann entwickelte sich nach der

Grenzöffnung ein reger Verkehr, der aber von der DDR wegen des nahezu unkontrollierbaren polnischen Wareneinkaufs zunehmend argwöhnisch betrachtet wurde. Die Zuspitzung der politischen Verhältnisse in Polen zu Beginn der achtziger Jahre bot daher den willkommenen Anlass zur erneuten Schließung der Grenze.

Das polnische Usedom besteht eigentlich nur aus dem Gebiet der Stadt Swinemünde bzw. Świnoujście. Hier dominierte nach der Vertreibung der deutschen Bevölkerung im Herbst 1945 in den ersten zehn Jahren eindeutig die sowjetische Besatzungsmacht, die im Hafengelände einen wichtigen Marinestützpunkt unterhielt. Die polnische Bevölkerung konzentrierte sich dagegen zunächst in den östlich der Swine gelegenen Stadtteilen Osternothafen (Chozelin) und Ostswine (Warszow). Noch 1956 waren die westlich der Swine gelegenen Stadtteile, eigentlich das Zentrum des früheren Swinemünde, zu großen Teilen unbewohnt. Abbrüche von Häusern in der im Krieg zu über 55 % zerstörten Stadt kamen immer noch vor und sie galt als ein Hort der Kriminalität. Eine nicht unbeträchtliche Zahl von Deutschen arbeitete bis zur Mitte der fünfziger Jahre als so genannte Spezialisten weiterhin für die Besatzungsmacht. Ein sowjetischer Flottenstützpunkt befand sich bis 1992 im Swinemünder Hafen.

Der Wiederaufbau der Wirtschaft erfolgte deshalb auch zuerst auf der Ostseite. 1948/49 begannen dort die Arbeiten zum Bau eines Fischereizentrums, aus dem 1952 das Fischkombinat „Odra" entstand, das schließlich mit zeitweise bis zu 6 000 Beschäftigten einer der größten Arbeitgeber war. Ab Anfang der fünfziger Jahre wurden Teile des Hafens von der sowjetischen Armee freigegeben. Dasselbe geschah auch im Hafengebiet von Stettin, wo bis zur Mitte der fünfziger Jahre ein sowjetischer Freihafen bestand. 1958 verabschiedete Polen das Gesetz über den Ausbau Stettins und Swinemündes. Jetzt wurde der Handelshafen umfassend ausgebaut und auf der Grundlage der alten Kaiserfahrt von 1880 entstand quer durchs Haff der Großschifffahrtsweg Swinemünde – Stettin. Die westlichen Stadtteile wurden seit der Mitte der fünfziger Jahre, insbesondere aber ab Anfang der siebziger Jahre zunehmend von der polnischen Bevölkerung angenommen. Neben dem eigentlichen alten Innenstadtbereich begann man am Ende des 20. Jahrhunderts auch mit der Sanierung bzw. dem Wieder-aufbau des Kurviertels an der Ostseepromenade. Die noch um 1950 bei rund 5 600 Einwohnern liegende Bevölkerung stieg rasch an und es lebten 1996 mit über 43 000 Menschen hier mehr als vor dem Krieg. Zur politischen Gemeinde Świnoujście gehören nach umfangreichen Eingemeindungen auch die frü-her selbstständigen Orte Misdroy (Miedzyzdroje), Pritter (Przytor) und Kaseburg (Karsibor), die teilweise auf der Nach-barinsel Wollin liegen.

USEDOM SEIT 1989/90

Die politische Wende in der DDR im Herbst 1989 leitete eine neue Epoche in der deutschen Geschichte in, die zu fun-damentalen gesamtgesellschaftlichen Umbrüchen führte. Als erstes verschwand das herrschende politische System mit der SED an der Spitze. Freie Wahlen nach dem Vorbild westlicher Demokratien und die bereits zum 3. Oktober 1990 vollzo-gene staatliche Vereinigung von DDR und Bundesrepublik führten zu einer raschen Angleichung an die politische Kul-tur der Bundesrepublik. Usedom war bei den ersten beiden Wahlen für den Landtag des im Herbst 1990 ebenfalls wieder gebildeten Landes Mecklenburg-Vorpommern in den Jahren 1990 und 1994 mit jeweils über 45 % Stimmenanteil wie das übrige Vorpommern eine eindeutige Hochburg der CDU. Die SPD und die aus der SED hervorgegangene PDS lagen bei beiden Wahlen mit jeweils 15–20 % (1990) bzw. 20–25 % (1994) nahezu gleich auf.

Die Verwaltungseinteilung änderte sich ebenfalls. Bereits ab 1992 bildeten die Landgemeinden Verwaltungsgemeinschaf-ten, die Ämter. Zur Zeit gibt es die Ämter Ahlbeck bis Stettiner Haff, Am Schmollensee, An der Peenemündung, Usedom-Mitte und Usedom-Süd. Amtsfrei blieben lediglich die beiden großen Ostseebäder Heringsdorf und Zinnowitz. Gegenwärtig wird erneut ein weiterer Zusammenschluss in mehreren Varianten bis hin zur Bildung einer einzigen großen Inselgemeinde diskutiert. Der Kreis Wolgast ging 1994 mit den Kreisen Greifswald-Land und Anklam in den neuen Landkreis Ostvorpommern auf. Wolgast verlor seinen Status als Kreisstadt zugunsten von Anklam.

Besonders schwerwiegend waren die bereits 1990 einsetzenden wirtschaftlichen Veränderungen. Zahlreiche der volkseigenen Betriebe waren unter den neuen marktwirtschaftlichen Verhältnissen plötzlich nicht mehr rentabel. Sie mussten entweder ganz aufgeben oder fanden einen neuen Investor, der sie aber in der Regel mit deutlich verringertem Personalbestand weiterführte. Die Arbeitslosigkeit, ein in der DDR unbekanntes Phänomen, breitete sich demzufolge rasch aus und erreichte bereits bis 1993 eine Quote von über 20 %. Sie wäre sicher viel höher ausgefallen, hätten nicht viele ältere Arbeitnehmer die Möglichkeit des Vorruhestandes genutzt und viele junge Menschen die letztlich für die Region fatale Entscheidung zur Abwanderung getroffen. Auf dem hohen Niveau von rund 20 % verblieb die Arbeitslosenquote seitdem nahezu unverändert.

Dabei hat Usedom mit seinen günstigen touristischen Entwicklungsmöglichkeiten noch vergleichsweise gute Chancen. In den benachbarten Festlandskreisen mit traditionell dominierender Landwirtschaft sah und sieht es erheblich düsterer aus. Die LPG der DDR mussten schon allein aus rechtlichen Gründen nach 1990 aufgelöst werden. Aber in den meisten Fällen wurden sie in neue Gesellschaften bürgerlichen Rechts überführt und blieben als Großbetriebe bestehen. Nur vereinzelt wagten so genannte Wiedereinrichter als einzeln wirtschaftende Bauern den Schritt in die Selbstständigkeit.

Die sichtbarsten Veränderungen vollzogen sich beim Gebäudebestand. Begünstigt durch zahlreiche staatliche Förderprogramme konnten sowohl die Seebäder als auch viele Bauten im Hinterland in altem Glanz erstrahlen. Maßnahmen der infrastrukturellen Erschließung wie die Sanierung bzw. der Neubau von Straßen und Kommunikationsleitungen ergänzten dies. Markantes Beispiel hierfür ist die umfassend sanierte und modernisierte Usedomer Bäderbahn. Nachdem sie Mitte der neunziger Jahre von der Deutschen Bahn als Betreiber schon fast aufgegeben worden war, verkehrt sie seit einigen Jahren mit neuen Zügen auf einem erneuerten Schienennetz als hundertprozentige Tochter der Deutschen Bahn nach einem modernen Betriebskonzept.

Nach Jahren der Abschottung hat sich auch die Zusammenarbeit zwischen Deutschen und Polen auf der Insel intensiviert. Wenn es auch hier und da immer wieder Schwierigkeiten im Detail gibt, so lassen sich die Ergebnisse doch sehen. Eine gemeinsame, grenzüberschreitende Kläranlage gehört ebenso dazu, wie die geplante Erweiterung der Usedomer Bäderbahn bis Swinemünde oder die perspektivisch angedachte weitere Öffnung des Grenzüberganges.

In Polen gab und gibt es nach den gesellschaftlichen Veränderungen von 1989 ähnliche Probleme, vor allem in der Wirtschaft. Auch hier mussten Unternehmen ihren Betrieb einstellen oder Personal entlassen. Arbeitslosigkeit ist deshalb ebenfalls ein großes Problem. Mit dem Beitritt zur Europäischen Union am 1. Mai 2004 erhofft man sich aber gerade in den Grenzregionen einen wirtschaftlichen Aufschwung. Das sieht man auf der deutschen Seite trotz aller gegenteiligen Beteuerungen der Politiker doch eher mit gemischten Gefühlen. Sehr groß sind bei aller Zusammenarbeit immer noch die Vorbehalte auf beiden Seiten. Die Zukunft wird zeigen, ob eher die Optimisten oder eher die Skeptiker recht behalten. Der Insel und ihren Bewohnern wäre zu wünschen, dass es die Optimisten sein werden.

ZEITTAFEL

Mittelsteinzeit (8000–3000 v. Chr.)
Erste menschliche Besiedlung der Insel

Bronzezeit (1800–500 v. Chr.)
Höhepunkt der frühgeschichtlichen Besiedlung Usedoms

8. Jahrhundert n. Chr.
Einwanderung slawischer Stämme

Ende 10. bis Mitte 12. Jahrhundert
Blütezeit der slawischen Kultur und Gesellschaft

um 1125
Einbeziehung in den frühpommerschen Herzogsstaat

Pfingsten 1128
Annahme des Christentums durch die Slawen auf dem Landtag von Usedom

1134
Urkundliche Ersterwähnung von Usedom als „Uznem"

1140
Gründung des Bistums Wollin, zwischen ca. 1150 und 1175 mit Sitz in Usedom, ab 1175 in Kammin

1152/53
Gründung des Klosters Grobe bei Usedom

1216
Erste Erwähnung einer Dorfkirche in Liepe

ab ca. 1230
Verstärkte Zuwanderung deutscher Siedler und Beginn des Landesausbaus

1288
Erste Erwähnung eines Archidiakons für Usedom

12. Juli 1295
Mittelalterliche Hauptlandesteilung des Herzogtums Pommern,
Usedom zu Pommern-Wolgast

23. Dezember 1298
Verleihung des lübischen Stadtrechts an den Ort Usedom

1302/03
Errichtung des Klosters Krummin als Filiale des Frauen-
klosters Wollin

1307–09
Verlegung des Klosters Grobe nach Pudagla

1475/76
Großer Stadtbrand in Usedom

1478
Vereinigung aller pommerschen Teilherrschaften unter
Herzog Bogislaw X.

1532
Erneute Teilung des Herzogtums Pommern, 1541 und 1569
erneuert, Usedom weiterhin bei Pommern-Wolgast

1535
Aufhebung des Klosters Pudagla im Zuge der Reformation

1563
Aufhebung des Klosters Krummin

1574
Umbau des Klosters Pudagla zu einem herzoglichen Witwensitz

1570 bis 1580/88
Bau des Wasserschlosses Mellenthin

1628
Besetzung durch kaiserliche Truppen

26. Juni 1630
Landung schwedischer Truppen bei Peenemünde

10. März 1637
Tod des letzten Pommernherzogs

8. März 1648
Erwerb durch Schweden

1655–1660
Schwedisch-polnischer Krieg

1674–1679
Schwedisch-brandenburgischer Krieg

1693
Durchführung der Landesvermessung

1700–1720
Großer Nordischer Krieg

1713
Vorläufige Übergabe an Preußen

21. Januar 1720
Endgültiger Erwerb durch Preußen

ab 1740
Schiffbarmachung der Swine

1756–1762
Siebenjähriger Krieg

10. September 1759
Preußens erste Seeschlacht auf dem Stettiner Haff

1764/65
Gründung der Stadt Swinemünde

1806–1809, 1812/13
Besetzung durch Truppen Frankreichs und seiner Verbündeten

1. Januar 1818
Gründung des Kreises Usedom-Wollin

1824
Erste Badesaison in Swinemünde, ein Jahr später in Heringsdorf

1848
Usedomer Unruhen wegen der Separation der Stadtäcker erste dänische Seeblockade

1848/52
Bau der ersten Chaussee von Swinemünde zum Golm

1864
Zweite dänische Seeblockade, Seegefecht vor Rügen

1874–76
Bau der Eisenbahnstrecke Ducherow–Swinemünde mit Brücke über den Peenestrom bei Karnin

20. August 1880
Eröffnung der „Kaiserfahrt"

1932
Freigabe der Straßenbrücke bei Zecherin, zwei Jahre später bei Wolgast

1936
Baubeginn für die Versuchsanstalten in Peenemünde

1942
Erste erfolgreiche Tests der in Peenemünde entwickelten Raketen und Flugkörper

17./18. August 1943
Erster Bombenangriff auf Peenemünde

12. März 1945
Bombenangriff auf Swinemünde

4. Mai 1945
Besetzung der Insel durch sowjetische Truppen

September/Oktober 1945
Enteignung des Großgrundbesitzes durch die Bodenreform

4. Oktober 1945
Räumung von Swinemünde und Übergabe an Polen

Oktober 1945 bis März 1946
Bansin Sitz der Kreisverwaltung

April 1946–Juli 1952
Ahlbeck Sitz der Kreisverwaltung

Juli 1952
Eingliederung in den neu geschaffenen Kreis Wolgast

Februar/März 1953
Verhaftung und Enteignung von privaten Pensions- und Hotel-
betreibern durch die Aktion „Rose"

6. März 1960
Abschluss der zwangsweisen Kollektivierung der Landwirtschaft

1965
Beginn der Erdölförderung bei Lütow

1989
Politische Wende in der DDR und in Polen

1994
Zusammenschluss der Kreise Wolgast, Greifswald-Land und Anklam zum Kreis Ostvorpommern

1. Mai 2004
Beitritt Polens zur Europäischen Union

ORTSREGISTER

Anmerkung: Nicht extra ausgeworfen wurde „Insel Usedom" bzw. „Usedom, Insel".

183

PERSONENREGISTER

AUSWAHLBIBLIOGRAPHIE

Ivo Asmus, Die pommerschen Besitzungen Carl Gustav Wrangels, in: Pommern. Geschichte – Kultur – Wissenschaft. Pommern im Reich und in Europa. 3. Kolloquium zur Pommerschen Geschichte, 13. und 14. Oktober 1993, Greifswald 1996, S. 129–168.

Ulrich Baenz, Zinnowitz. Ostseebad auf Usedom, Peenemünde 1993.

Ulrich Baenz, Franz Jeschke, Koserow. Das Juwel der Ostsee, Peenemünde 1994.

Ulrich Baenz, Erhard Rusch, Seebad Heringsdorf, Peenemünde 1996.

Friedrich Wilhelm Barthold, Das Geschlecht der von Lepel, Greifswald 1856.

Arthur Behn, Zur Besiedlung der Insel Usedom in der Mittel- und Jungsteinzeit, in: Anklamer Heimatkalender 1995, S. 83–89.

Arthur Behn, Das ehemalige Kreisheimatmuseum Swinemünde, in: Usedom-Wolliner Blätter, Heft 1, Ostklüne 2002, S. 3–44.

Arthur Behn, Anfänge von Geschichtsforschung und Heimatpflege in Pommern und auf Usedom und Wollin, in: Usedom-Wolliner Blätter, Heft 1, Ostklüne 2002, S. 45–52.

Bruno Benthin, Studien zur Entwicklung des Erholungswesens an der Ostseeküste der DDR, 2 Teile, in: Greifswald-Stralsunder Jahrbuch, Bd. 6 (1966), S. 79-97, Bd. 7 (1967), S. 135–161.

Volkhard Bode, Gerhard Kaiser, Raketenspuren. Peenemünde 1936-1996, Augsburg 1999.

Hermann Bollnow, Usedom, in: ders., Studien zur Geschichte der pommerschen Burgen und Städte im 12. und 13. Jahrhundert, Köln/Graz 1964, S. 212–261.

Iris Breuste, Die Entwicklung des Erholungswesens an der Ostseeküste Mecklenburg-Vorpommerns, in: Komplexe Entwicklung von Küsten- und Agrargebieten, Greifswald 1992, S. 86–98.

Werner Buchholz (Hrsg.), Pommern. Deutsche Geschichte im Osten Europas, Berlin 1999.

Robert Burkhardt, Chronik der Insel Usedom. Nach den Quellen bearbeitet, 2 Bde., Swinemünde 1909, 1912.

Robert Burkhardt, Geschichte des Hafens und der Stadt Swinemünde, 2 Bde., Swinemünde 1920/21, 1931.

Robert Burkhardt, Führer durch das Heimat-Museum des Kreises Usedom-Wollin, Swinemünde 1933.

Axel Dietrich, Peenemünde im Wandel der Zeiten, Peenemünde 1994.

Johannes Erichsen, Bernhard M. Hoppe, Dirk Zache (Hrsg.), Peenemünde. Facetten eines historischen Ortes, Schwerin 1999.

Hans Fenske, Die Verwaltung Pommerns 1815–1945. Aufbau und Ertrag, Köln/Weimar/Wien 1993.

Wilhelm Ferdinand Gadebusch, Statistische Beschreibung der Insel Usedom, in: Beiträge zur Kunde Pommerns, 3. Jg., Heft 2 und 3, Stettin 1850.

Wilhelm Ferdinand Gadebusch, Chronik der Insel Usedom, Anklam 1863.

Dietrich Gildenhaar, Swinemünde. Rückblick auf ein Weltbad, Peenemünde 1993.

Der Golm auf Usedom. Wahrzeichen, Ausflugsziel und Gräberstätte – Deutsche Geschichte an einem Ort –, o.O. 3. Aufl. 2002.

Helmut Hannes, Historische Ansichten von Swinemünde und vom Golm, Schwerin 2001.

Herrmann Hoogeweg, Pudagla. Prämonstratenserkloster, in: ders., Die Stifter und Klöster der Provinz Pommern, Bd. 2, Stettin 1925, S. 260-368.

Wilhelm Hüls, Bäderarchitektur, Rostock 1998.

Alfred von Känel, Zur Entwicklung der Wirtschaftsstruktur der Siedlungen im Kreis Wolgast, in: Greifswald-Stralsunder Jahrbuch, Bd. 8 (1969), S. 69–98.

Alfred von Känel, Usedom. Landeskundliche Streifzüge, Rostock 1981.

Heinz Kliewe, Die Insel Usedom in ihrer spät- und nacheiszeitlichen Formenentwicklung, Berlin 1960.

Benno von Knobelsdorff-Brenkenhoff, Die „Aal-Beek-Kolonisten" und das Thurbruch in Vorpommern, Siegen 1992.

Johannes Kornow, Zur Entstehung des Bezirkes Rostock, in: Greifswald-Stralsunder Jahrbuch, Bd. 10 (1973), S. 229–243.

Oskar Kossmann, Das unbekannte Ostseeland Selencia und die Anfänge Pommerns, in: Zeitschrift für Ostforschung, 20. Jg. (1971), S. 641–685.

Neidhardt Krauß, Egon Fischer, Schlösser, Gutshäuser und Parks in Mecklenburg-Vorpommern, Bd. 3: Vom Darß bis zum Stettiner Haff, Rostock 2002.

Kriegsgräberstätte Golm. Lernort der Geschichte, Schwerin 2003.

Louis Gollmert, Wilhelm von Schwerin, Leonhard von Schwerin (Hrsg.), Geschichte des Geschlechts von Schwerin, Teil 3 (Urkundenbuch), Berlin 1878.

Bernd Kuhlmann, Eisenbahnen auf Usedom. Über Swinemünde nach Peenemünde, Düsseldorf 1995.

Dietrich Labjon, Holt nieder die Flagge. Die Marine in Peenemünde von 1950–1996, Peenemünde 1996.

Willi Lampe, Ückeritz – ein jungbronzeitlicher Fund von der Insel Usedom, Berlin 1982.

Hans-Günther Lange, Heiko Wartenberg, Eginhard Wegner (Bearb.), Die schwedische Landesaufnahme von Vorpommern 1692–1709, Ortsbeschreibungen Bd. 1: Insel Usedom, Peenemünde 1995.

Bernfried Lichtnau, Usedom. Streifzüge durch die Geschichte, Architektur und Kunst der Insel, Peenemünde 1996.

Günter Mangelsdorf (Hrsg.), Die Insel Usedom in slawisch-frühdeutscher Zeit, Frankfurt/M. 1995.

Damian van Melis (Hrsg.), Sozialismus auf dem platten Land. Tradition und Transformation in Mecklenburg-Vorpommern 1945–1952, Schwerin 1999.

Klemens Menke, Das Amt Wolgast. Historisch-topographische Untersuchungen zur Entwicklung eines vorpommerschen Verwaltungskörpers, in Pommersche Jahrbücher, Bd. 26 (1931), S. 47–168.

Brigitte Metz, Kirchen auf Usedom und ihre Geschichte seit Otto von Bamberg 1128–1993, o.O. 1993.

Brigitte Metz (Hrsg.), Usedom. Geschichte und Geschichten. 700 Jahre Stadt Usedom, Ostklüne 1998.

Klaus Müller, Die Lenkung der Strafjustiz durch die SED-Staats- und Parteiführung am Beispiel der Aktion Rose, Frankfurt/M. u.a. 1995.

Manfred Niemeyer, Ostvorpommern I. Quellen- und Literatursammlung zu den Ortsnamen. Usedom, Greifswald 2001.

Jürgen Petersohn, Usedom im frühpommerschen Herzogsstaat, in: Roderich Schmidt (Hrsg.), Tausend Jahre pommersche Geschichte, Köln/Weimar/Wien 1999, S. 27–65.

Josef Plucinski, Die Entwicklung des Hafens von Swinemünde von 1945 bis zur Gegenwart, in: Jahrbuch der Deutschen Gesellschaft für Schiffahrts- und Marinegeschichte e.V., Bd. 7 (2001), S. 52–60.

Haik Thomas Porada (Hrsg.), Beiträge zur Geschichte Vorpommerns. Die Demminer Kolloquien 1985–1994, Schwerin 1997.

Egon Richter, Ahlbeck, Heringsdorf & Bansin. Die Usedomer Kaiserbäder, Schwerin 1998.

Dirk Schleinert, Kriegsende und Nachkriegszeit auf Usedom (unveröffentlichtes Vortragsmanuskript 2004).

Georg Sello, Geschichtsquellen des burg- und schloßgesessenen Geschlechts von Borcke, Bd. 3: Familienrechtliche Urkunden des 16. und 17. Jahrhunderts, Berlin 1907; Bd. 4: Urkunden, Akten und Briefe des 14.–19. Jahrhunderts, Berlin 1912.

Tomasz Ślepowroński, Die Genese des Konflikts zwischen der Volksrepublik Polen und der Deutschen Demokratischen Republik um die Oderbucht, in: Horst Wernicke (Hrsg.), Beiträge zur Geschichte des Ostseeraums, Hamburg 2002, S. 373–389.

Karl von Sulicki, Der Siebenjährige Krieg in Pommern und in den benachbarten Marken. Studie des Detachement- und des Kleinen Krieges, Berlin 1867.

Usedom–Wolliner Blätter, Heft 1 (2002) bis 5 (2003).